U0133651

咖香
书香
在上海

汪耀华 —————— 主编

学林出版社

图书在版编目（CIP）数据

咖香书香在上海 / 汪耀华主编. —上海：学林出版社，
2022

ISBN 978-7-5486-1906-2

Ⅰ.①咖… Ⅱ.①汪… Ⅲ.①书店—经营管理—上海
②咖啡馆—经营管理—上海 Ⅳ.①G239.23②F726.93

中国版本图书馆CIP数据核字（2022）第243141号

责任编辑　　李晓梅
装帧设计　　王　蓓

咖香书香在上海

汪耀华　主编

出　　版　**学林出版社**
　　　　　（201101　上海市闵行区号景路159弄C座）
发　　行　上海人民出版社发行中心
　　　　　（201101　上海市闵行区号景路159弄C座）
印　　刷　上海颛辉印刷厂有限公司
开　　本　787×1092　1/32
印　　张　8
字　　数　21　万
版　　次　2023年2月第1版
印　　次　2023年2月第1次印刷
ISBN 978-7-5486-1906-2 / G·731
定　　价　68.00元

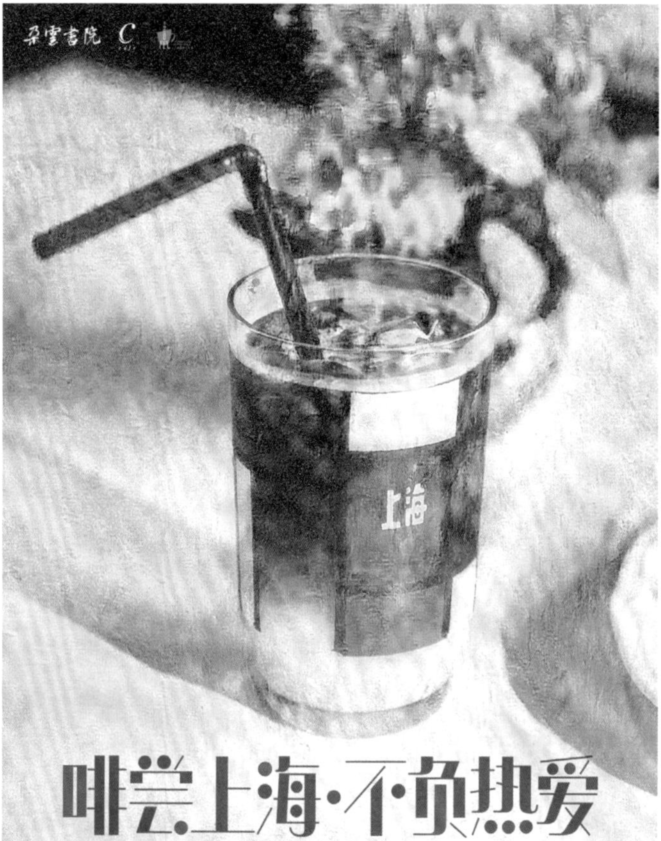
朶雲書院
上海
啡尝上海·不负热爱
08/04-08/18
上海市书刊发行行业协会　上海联合书业会展有限公司

THE AROMA OF COFFEE AND BOOKS PERMEATES SHANGHAI
啡尝上海·不负热爱
——咖香书香在上海
8/4–8/18 2022
coffee
读者
HAVE YOU READ TODAY?
今天你读书了么？
读者·外滩旗舰店
上海市黄浦区九江路230号
电话：021-63602018
上海市书刊发行行业协会
上海联合书业会展有限公司
读者书店

舊時
模樣

旧 / 时 / 模 / 样

上海咖啡广告图片展

2022/8/4--8/18

期待在这里遇见你……

·主办：上海市书刊发行行业协会
·承办：上海香港三联书店
　　　　艺术书坊
　　　　1925书局
·协办：上海联合书业会展有限公司
　　　　上海大学出版社

 上海咖啡文化周 咖香书香在上海

啡尝上海·不负热爱

咖香书香在上海

活动福利:
3款当季咖啡特饮7折
现场与咖啡师交流
可获得半价随机调制咖啡饮品一份

2022 | 8.04-8.18

主办单位:上海市书刊发行行业协会 上海联合书业会展有限公司

啡尝上海·不负热爱
咖香书香在上海

2022.8.4-18

上海咖啡文化周
SHANGHAI COFFEE CULTURE WEEK
咖香书香在上海

啡尝上海·不负热爱
——咖香书香在上海

8/4-8/18

coffee

8.4 - 8.18
啡尝上海
不负热爱

文匯報

2022年8月 **4**日 星期四

农历壬寅年七月初七 · 七月初十 立秋

中共部创业会 国家通讯行 邮编 29℃ 最高 37℃ 南段长 4～5级
刷天最新报告 国家通讯行 邮编 20℃ 最高 27℃ 南段长 3～4级

上海报业集团主办 文汇报社出版 第27311号 今日12版

国内统一连续出版物号 CN31-0002 国内邮发代号 3-3 国外发行代号 D123 文汇网:www.whb.com 微博公众号:文汇报 (ID:wenhuidaily) 微博:@文汇报 客户端:文汇

永葆"赶考"的清醒和坚定
——论学习贯彻习近平总书记在省部级专题研讨班上重要讲话

▼人民日报评论员文章刊第四版

用党的创新理论武装头脑、指导实践、推动工作
——习近平总书记在省部级主要领导干部专题研讨班上的重要讲话在广大知识分子和青年学生中引发热烈反响

▼刊第四版

2022国际消费季暨第三届上海"五五购物节"

2022上海咖啡文化周今开幕,同步推出咖啡主题新书单、展陈、销售,挖掘咖啡文化内涵

沪上75家品牌书店看过来!
咖啡成阅读"流量"新入口

▓本报记者 许旸

上海75家咖啡书店与书店咖啡文化新栖息空间。 制图:李洁

咖啡周边成书店标配,彰显海派文化新业态

▼下转第五版

努力办好人民满意的医疗健康事业

▓本报记者 唐闻佳

勇担使命,凝心聚力推进卫生事业高质量发展

▼下转第二版

今年安排近百个项目、总投资超千亿元,围绕产城深度融合持续打造新亮点

嘉定新城 选好"赛道",产业"火车头"逆势上冲

编者按

▓本报记者 周小波

嘉定新城建设点亮绿色生态大板块中,图为嘉定新城核心区口景。

▼下转第六版

加快在"五个新城"形成集聚特色功能

龚正调研青浦要求下好长三角一体化示范区战略先手棋

▼下转第二版

■聚焦"两旧一村"改造

宝山杨行老集镇"城中村"改造项目启动动迁签约工作

救护车驶不进的老集镇终于要改造了

将配有9条市政道路、学校、公园等公共服务资源也被纳入改造方案

▼刊第二版

闵行区今年已新增外资功能性机构13家

追加在沪投资,知名企业加紧"深耕"

■ 截至目前,闵行区现有外资功能性机构115家,其中地区总部84家;管理服务外资企业大(亚洲)区的有10家,涵盖电子信息、生物医药、智能装备等诸多前沿领域

▼刊第五版

两岸统一的历史大势不可阻挡

国台办宣布对"台独"顽固分子关联机构予以惩戒

▼相关报道刊第三版

www.jfdaily.com

2022上海咖啡文化周开幕在即，75家品牌书店加入

阅读的力量，助力打造"咖啡城市"

本报记者 施晨露

2022上海咖啡文化周将在本周五拉开帷幕，上海市新华传媒连锁有限公司……

（下转第5版）

未成年人溺水事件高发 专家教练建议

即使会游泳，也需家长看护

本报记者 唐闻佳

"何以中国"首展市民观展热情高，诺奖得主也来了

从这些文物，更深认识"中原"

本报记者 钟菡

昨天，在上海博物馆"何以中国"首展"宅兹中国"展厅内。　沈冠 摄

"中学课吧"带来不一样的暑假

在重走丝绸之路中阅读

本报讯（记者 黄海华 实习生 徐盼）……

"躺着赚钱"的好日子不再

沪郊民宿继续生长须具备哪些特质

本报记者 黄勇娣

2019年11月，某网上最火的民宿……

到厨房家"做客"

仿佛住在商泾乡村

提升产品吸引力

解放论坛

虹口「美丽街区」二项目因疫情停工 至今没有复工迹象

道路开挖大半年，何时才能完工

本报记者 王海燕

人行道开挖500米

改造为何迟迟不恢复

新民晚报 **10**
2020年8月4日 星期二
本版编辑/王剑虹
视觉设计/戚黎明

文体新闻
Culture & sports

新闻网 www.xinmin.cn 24小时读者热线 962555 读者服务 xmsh@xmwb.com.cn 读者来信 dzxx@xmwb.com.cn

来书店 恰 咖啡

邀请你多停留一会儿

七十五家品牌书店

本报讯 （记者 徐翌晟）倦了，你每一个有趣的灵魂说只有一种境味的图画。2022上海阅读文化周今天开幕，上海书市发行计划的始倒以"眼念上海·不负热爱"为主题，开幕75家品牌书店

知音少 弦断何人续

修好一把琴
留住一段情

走近修琴师
"小广东"和
他的宝藏们

文体社会

高嗣成和他的
宝藏们 记者 金旦萍 摄

"熊孩子"

"育心情"

"知己情"

本报记者 吴旭颖

导读

　　本书由"咖香书香在上海"、《上海主要实体书店咖啡经营调研报告（2021年）》和《上海市出版物发行行业咖啡服务标准（2022年）》三部分组成。

　　"咖香书香在上海"为2022上海咖啡文化周"啡尝上海·不负热爱"的分支活动，记载了由上海75家实体书店共同参与、推荐"20+新书单"等展览展示活动的基本态势，包括媒体报道的节选，从中可见上海品牌实体书店咖啡经营态势和参与2022上海咖啡文化周的基本状况。

　　上海市书刊发行行业协会在2021年上海咖啡文化周期间发布的《上海主要实体书店咖啡经营调研报告（2021年）》和2022年发布的《上海市出版物发行行业咖啡服务标准（2022年）》（以下简称《标准》）充分体现了上海品牌实体书店咖啡经营的过往历程和未来的目标。其中，《标准》可作为实体书店咖啡经营的操作手册和标准范本。

目　录

咖香书香在上海

上海主要实体书店咖啡经营项目调研报告（2021年度）

上海市出版物发行行业咖啡服务标准（2022年8月）

咖香书香
在上海

快来书店"恰"咖啡！

上海品牌书店秀出一道可阅读、有味道的咖啡风情

○ 王雪明

由中共上海市委宣传部等指导的2022上海咖啡文化周8月4日拉开序幕，上海市书刊发行行业协会举全行业之力推出"啡尝上海·不负热爱——咖香书香在上海"系列活动，75家品牌书店以近140场活动参与其中，成为咖啡和文化相连的重要场所。同步推出的咖啡主题新书单、展陈、销售，通过挖掘咖啡的文化内涵，促进咖啡文化走进城市的街头小巷，营造浓厚咖啡文化氛围，提升读者的参与度与获得感，为打造"咖啡城市名片"提供一份行业的力量。

上海最早经营咖啡的书店是由周全平、谢澹如创办的西门书店（老西门中华路1420号），1930年2月2日附设了咖啡座，当事人后来回忆："这个咖啡座只是在开书店的同时增加一些事做做，让同道有个座谈聊天的地方。"这家有"左联"（中国左翼作家联盟的简称）背景的进步书店存在的时间虽然不长，但也说明书店与咖啡的渊源颇深。

75家参展书店中既有实体书店，也有网上书店，上海悦悦图书有限公司旗下悦悦图书专营店在天猫平台进行主题为"啡尝上海·不负热爱——咖香书香在上海"的营销活动，主题海报将在天猫页面、店铺首页进行重点展示，累计曝光量500多万次。

参展书店中，有上海外文书店、艺术书坊、光的空间、上海香港三联书店、大夏书店、交大书院、立信书局、上戏艺术书店、博林书店等独立书店，也有上海新华传媒连锁有限公司旗下书店、上海世纪朵云文化发展有限公司旗下书店、大隐书局、钟书阁、百新书局、二酉书店等上海本地连锁书店，西西弗书店、大众书局、中版书房、读者书店、建投书局、现代书店等全国连锁书店，还有合资企业，如上海上生新所 茑屋书店。这些大多为近年新开的新型书店，也有转型成功的老牌书店，书店+成为书店融合发展的一种趋势，而咖啡经营则是一项重要内容，不仅在书店收入上有所贡献，还增强了书店的运营能力和抗风险能力，使阅读更加立体、书店更加温暖。

上海市书刊发行行业协会、上海联合书业会展有限公司发布《2022上海咖啡文化周·咖香书香在上海20+新书单》（彩色折页），在参展书店免费赠送读者。

2022上海咖啡文化周期间，全市75家品牌书店同步推出"咖香书香在上海"咖啡文化读物展陈，以"20+新书单"为基础，结合书店特色拓展进行展销。据悉，目前全市在售咖啡主题图书约300种。与此同时，参展书店推出1+1海报展示（1为活动主海报+1为参展书店自创个性海报），在店堂进行海报张贴、显示屏播放。

8月4日，"旧时模样——上海咖啡广告图片展"在上海香港三联书店、艺术书坊、1925书局同时开展，让上海人拾回一点与咖啡有关的旧时记忆。同时，三家书店举办六场与之相关的文化活动。1925书局举办"咖香书香在上海"品鉴会，内容从咖啡的历史文化到咖啡冲泡的实地教学：邀请上海社会科学院历史研究所特约研究员陈祖恩、闵行区图书馆副研究馆员孙莺举办2场咖啡文化讲座，时间为8月7日（孙莺主讲）、8月14日（陈祖恩主讲）；咖啡师石杨手冲咖啡教学2场，时间为8月6日、8月13日。8月6日，艺术书坊举办"阅读黄浦，啡尝滋味——艺术咖啡品鉴体验沙龙"活动。8月4日至18日，上海香港三联书店在长三角咖啡行业协会的支持下推出"时光里的咖啡味——古董咖啡器物展"，并举办相关讲座。

　　世纪朵云旗下上海五家书店全部参展，举办"朵云·咖啡+"活动，活动分"咖啡+达人""咖啡+生活""咖啡+匠人""咖啡+行走"四个系列，8月4日至18日设立咖啡生活场景专区，吸引读者现场打卡，完成3家门店及以上门店打卡有奖励；朵云书院戏剧店举办2场手冲咖啡体验课（8月5日、8月12日）等。

　　建投书局·传记咖啡馆举办"世界名家奇遇记"特别活动，选取巴尔扎克（法国）、海明威（美国）、J.K.罗琳（英国）、马尔克斯（哥伦比亚）、张爱玲（中国）、梵高（荷兰）、贝多芬（德国）等7位与咖啡有深厚关系的世界文化名家，讲述他们与咖啡的故事，推出与之相关的7种不同风味的特调咖啡及咖啡课程。

　　新华文创·光的空间举办作家陈丹燕《上海的金枝玉叶》分享

会（新华文创·光的空间&明珠美术馆），分享作家与咖啡的创作故事，发布根据《上海的金枝玉叶》研发的特调咖啡饮品；上海外文书店举办"'漫'享夏日／'漫'品／咖啡"活动；上海市书刊发行行业协会、上海人民出版社举办《全球书店步行（第一辑）》首发活动；读者书店举办"品·咖啡"直播活动（读者·云上会客厅），精品咖啡品牌AOKKA（澳咖）的资深品鉴师以直播的形式讲解品鉴咖啡的知识与方法。最令人期待的是《上海市出版物发行行业咖啡服务标准》发布，据悉，这是中国出版物发行行业首个咖啡专业服务标准。丰富的文化活动将解码咖啡融合的文化生态。

超过70家书店推出各种优惠活动让利给读者，主要形式有：咖啡饮品优惠，如上海新华传媒连锁有限公司参展书店推出"购买'咖柚'咖啡享买一送一"；钟书阁5家门店推出自制咖啡饮品促销；大隐书局参展书店周一至周五两人同行一人免单（限冰饮），周六周日买两杯赠一杯；西西弗书店推出独享套餐、亲密套餐、好友套餐、欢聚套餐等。图书优惠，如中版书房参展书店全场图书8折优惠；悦悦图书专营店活动专区全场包邮，消费者购买满100元赠50元优惠券，享受下单立减优惠；建投书局向读者推出9元开通最高级别——黑卡会员福利，即刻享全店图书、咖啡、文创8折优惠等。图书、咖啡联动优惠，如在上海外文书店购买任意一本图书即可获赠价值32元的雪顶咖啡一杯；在上海上生新所 茑屋书店一次性购买两册图书即赠咖啡券一张；在百新书局买两杯咖啡享图书85折等。组合优惠活动让市民读者在品尝咖啡的同时，得到实惠。

上海书展微信公众号对"啡尝上海·不负热爱——咖香书香在上海"系列活动全程组织报道，并推出"咖香书香在上海"系列微信推文。

"啡尝上海·不负热爱"，上海75家品牌书店与与咖啡相遇的文化派对，邀你共同参与。

75家参展书店名录

黄浦区

1 / 艺术书坊 / 福州路424号

2 / 上海外文书店 / 福州路390号

3 / 上海香港三联书店 / 淮海中路624号

4 / 思南书局 / 复兴中路517号

5 / 思南书局·诗歌店 / 皋兰路16号

6 / 朵云书院·戏剧店 / 长乐路398号

7 / 大隐书局·豫园店 / 豫园老街19号

8 / 读者·外滩旗舰店 / 九江路230号

9 / 西西弗书店上海世茂国际广场店 / 南京东路829号世茂广场西区L305-308

10 / 西西弗书店上海凯德晶萃广场店 / 徐家汇路268号凯德晶萃广场L2-31B

11 / 二酉书店·新天地店 / 马当路458弄1号LG1-01B

徐汇区

12 / 新华书店徐汇日月光店 / 漕宝路33号日月光中心2楼

13 / 钟书阁徐汇绿地店 / 龙华中路759号绿地缤纷城1楼

14 / 大众书局美罗店 / 肇嘉浜路1111号美罗城5楼

15 / 百新书局正大乐城店 / 中山南二路699号一区

16 / 衡山·和集 / 衡山路880号10号楼

17 / 立信书局 / 中山西路2230号

18 / 交大书院 / 番禺路951号

长宁区

19 / 上海书城长宁店 / 长宁路1057号

20 / 上海上生新所 茑屋书店 / 延安西路1262号上生新所7栋

21 / 百新书局缤谷广场店 / 天山路345号东二楼

22 / 中版书房·长宁店 / 仙霞路345号102室

静安区

23 / 现代书店静安嘉里中心旗舰店 / 南京西路1515号静安嘉里中心北区N4-03&05

24 / 读者·北站阅读空间 / 西藏北路79号

25 / 西西弗书店上海大悦城店 / 西藏北路198号大悦城购物中心二期602-12号

26 / 上戏艺术书店 / 华山路620号

普陀区

27 / 大夏书店 / 中山北路3653号

28 / 西西弗书店上海月星环球港店 / 中山北路3300号L4155、L4156

29 / 西西弗书店上海长风大悦城店 / 大渡河路168弄196号上海长风大悦城购物中心407-01

虹口区

30 / 1925书局 / 四川北路856号

31 / 大隐书局（白玉兰广场店）/ 东长治路588号上海白玉兰商场GL2-04

32 / 大众书局曲阳店 / 中山北二路1818百联曲阳购物中心6楼

33 / 建投书局·上海浦江店 / 公平路18-8号嘉昱大厦一层

34 / 西西弗书店上海虹口龙之梦店 / 西江湾路388号凯德龙之梦广场三层28号

35 / 西西弗书店上海北外滩来福士店 / 东大名路999号北外滩来福士B1层53号

36 / 西西弗书店上海瑞虹天地太阳宫店 / 瑞虹路181号213-214

杨浦区

37 / 大隐书局（创智天地店）/ 淞沪路333号

38 / 大众书局合生店 / 翔殷路1099号合生汇2楼

宝山区

39 / 西西弗书店上海宝杨宝龙广场店 / 宝山同济路669弄4号宝杨宝龙广场M-F2-004-1

40 / 西西弗书店上海经纬汇店 / 宝山经地路99弄经纬汇102-1

41 / 博林书店 / 宝山淞兴西路258号4102室

42 / 读者·壹琳文化空间 / 宝山罗芬路989弄2号

闵行区

43 / 新华文创·光的空间 / 闵行吴中路1588号爱琴海购物公园F701

44 / 大众书局维璟店 / 闵行七莘路1517号维璟广场2楼

45 / 西西弗书店上海七宝万科店 / 闵行漕宝路3366号L324A、L324B

46 / 西西弗书店上海闵行天街店 / 闵行剑川路1000弄龙湖上海闵行天街A-1F-5

47 / 西西弗书店上海万象城店 / 闵行吴中路万象城购物中心L333A

嘉定区

48 / 钟书阁上海嘉定现厂店 / 嘉定博乐路70号现厂创业园C栋一层116-119

49 / 西西弗书店上海嘉定万达店 / 嘉定胜辛路426号（3060C）

50 / 西西弗书店上海嘉定南翔印象城店 / 嘉定陈翔公路2299号上海南翔印象城03-01a

浦东新区

51 / 上海书城东方路店 / 浦东东方路796号九六广场（商场）地下一层

52 / 朵云书院·旗舰店 / 浦东银城中路501号上海中心大厦52楼

53 / 大隐湖畔书局 / 浦东申港大道1号

54 / 大众书局惠南店 / 浦东沪南公路9928号禹洲广场2楼

55 / 大众书局世博源店 / 浦东世博大道1368号世博源3区1楼

56 / 百新书局尚悦湾广场店 / 浦东银城路66号三楼

57 / 西西弗书店上海浦东嘉里城店 / 浦东花木路1378号L223a

58 / 西西弗书店上海三林印象城店 / 浦东永泰路1058弄1-26号-三林印象城110-3

59 / 西西弗书店上海晶耀前滩店 / 浦东耀体路308号晶耀商务广场24幢2F-L241B

60 / 西西弗书店上海复地活力城店 / 浦东北蔡镇沪南路2229号复地万科活力城L3047-1

61 / 西西弗书店上海华润时代广场店 / 浦东张杨路500号L509ab

62 / 西西弗书店上海正大广场店 / 浦东陆家嘴西路168号2F40B

63 / 西西弗书店上海金桥国际商业广场店 / 浦东金桥路968号金桥国际商业广场B1-3-31-1

松江区

　　64 / 新华书店平高世贸店 / 松江中山中路77号平高世贸广场3楼

　　65 / 南村映雪文化书店 / 松江泗泾镇开江中路377号

　　66 / 朵云书院·广富林店 / 松江广富林路2900弄广富林文化遗址内

　　67 / 钟书阁泰晤士店 / 松江三新北路900弄泰晤士小镇930号

　　68 / 钟书阁松江平高店 / 松江中山中路77号平高世贸广场201－206室

　　69 / 钟书阁松江嘉立大厦店 / 松江广富林路697弄8号昂立大厦三楼

　　70 / 大众书局松江店 / 松江荣乐西路860号新理想广场4楼

　　71 / 西西弗书店上海松江印象城店 / 松江广富林街（路）1788弄1号B1层B101号

金山区

　　72 / 大隐书局·金山张堰店 / 金山张堰镇张堰大街300号

青浦区

　　73 / 悦悦图书专营店 / http://yueyuets.tmall.com/

奉贤区

　　74 / 大隐书局·九棵树艺术书店 / 奉贤树桓路199弄11号

　　75 / 中版书房·奉贤店 / 奉贤南奉公路3111弄宝华帝华商业广场7号楼

20+新书单

由中共上海市委宣传部等指导的2022上海咖啡文化周于8月4日至18日举办，上海市书刊发行行业协会、上海联合书业会展有限公司推出由75家书店参加的"啡尝上海·不负热爱——咖香书香在上海"系列活动。《2022 上海咖啡文化周·咖香书香在上海20+新书单》作为其中之一，由参展书店在经营的300多种中外咖啡主题图书中选取。

参展书店以此为基础加以扩展，进行主题陈列、销售，营造浓厚咖啡文化氛围，提升市民游客的参与度与获得感，为打造"咖啡城市名片"提供一份"清单"。

《你不懂咖啡》（全新修订版）

[日] 石胁智广 著 / 江苏凤凰文艺出版社

2021年8月出版 / 52.00元

本书化身理性、专注又不失风趣的科学怪人，穿过咖啡的表面，探究隐匿在现象背后的成因，品哂工序细节里的趣味，在异彩纷呈的咖啡世界里精准导航，从产地品种的"冷知识"、烘焙萃取的"微原理"到各类器具的私人使用诀窍，甚至连小小的包装袋也一点点抽丝剥茧、娓娓道来，是一本真正有料、有趣还有范儿的咖啡知识百科。

《好的咖啡》

[日] 井崎英典 著 / 北京联合出版公司

2021年6月出版 / 68.00元

咖啡"小白"和专业咖啡师都需要的咖啡技巧学习书。从咖啡豆的起源、咖啡豆种类的不同，到口味的区分、如何学习制作咖啡并且从中找到自己喜欢的味道。通过本书，开始一场寻找自己喜欢的"全世界好喝的咖啡"的旅程吧！

《寻味咖啡》

王人杰 著 / 江苏凤凰科学技术出版社

2021年4月出版 / 68.00元

台湾鸣草咖啡创办人王人杰撰写，利用自身丰富的冲煮经验，从"品咖啡""选咖啡""煮咖啡"三大方面细致讲解了关于品味咖啡的一切，并分享自己对咖啡的独特心得感悟。语言亲切简洁，读来如老友聊天畅谈。

《我的咖啡生活提案》

[法] 陈春龙 [法] 塞巴斯蒂安·拉西纳 著

北京日报出版社 / 2020年8月出版 / 108.00元

用300幅精细手绘，破解一杯好咖啡的全部秘密。详细介绍了32个咖啡豆品种特色及21个咖啡豆生产国风土；展示六步深度品鉴法，领略精品咖啡的风味层次；分解12种常用器具的操作关键，进阶手冲世界；提供17种咖啡食谱，手把手传授经典拉花技巧，享受有格调的下午茶时光。

《网红咖啡饮品自己做》

[韩] 金度希 著 / 中国轻工业出版社

2021年8月出版 / 49.80元

网红达人解锁大家喜欢的咖啡馆人气单品，用简单易操作的方法在家做出和咖啡馆一样好吃好喝的咖啡、饮品、甜点。24小时不打烊的家庭咖啡馆，随时满足自己和家人的需要。

《超简单！在家冲煮好咖啡》

[日] 富田佐奈荣 著 / 江苏凤凰科学技术出版社

2021年10月出版 / 58.00元

日本咖啡行业资深专家、日本咖啡策划协会会长富田佐奈荣新作。"百科全书"式的精品咖啡冲煮指南，从咖啡豆的挑选、不同器具的冲泡方法、各式咖啡食谱，到砂糖、牛奶等配料的制作，讲解详尽细致，方法简单实用，是一本实操性极强的精品咖啡入门读物，也是一本充满日式匠人咖啡气质的精品咖啡品鉴指南。

《陶锅炒豆学：烘焙一锅属于自己的咖啡》

潘佳霖　著 / 中国轻工业出版社

2021年4月出版 / 68.00元

深入浅出地介绍了陶锅烘焙的各方面小知识。从风味引入着手，解惑炒豆中的隐藏知识，认识生豆、挑选器具、烘焙重点，操作描述精准，不论是陶烘的老手还是新粉，都可以从本书获得宝贵的经验。

《如何制作咖啡:咖啡豆背后的科学》

[英]拉尼·金斯顿 著 / 湖南美术出版社

2021年2月出版 / 53.00元

这不是一本食谱，也不是咖啡豆集锦或生活方式的补充。本书探索咖啡制作艺术背后的科学原理和历史，详述咖啡豆的挑选、研磨方法，分步展示了各种特色鲜明的煮制方法。

《咖啡新规则：55条超实用的百科小知识》

[美]乔丹·米歇尔曼 等著 / 中信出版社

2021年1月出版 / 49.00元

一本精巧的咖啡知识百科，也是一本简明咖啡辞典。本书以55条咖啡世界里的基础知识——从咖啡原产地的奥秘到如何冲煮一杯好咖啡，从全球咖啡的历史到如今的咖啡馆文化，解读所有关于咖啡的秘密，也定义了如今全球第三波咖啡浪潮下的"新规则"，为爱好者及从业者提供了一个全新的视野。

《咖啡烘焙：进阶实践手册》

[美] 斯科特·拉奥 著 / 中信出版社

2022年7月出版 / 88.00元

咖啡烘焙行业经典教科书，作者是行业内公认的咖啡烘焙教父，写作本书时，他已拥有使用300多台不同烘豆机的经验。本书总结了大量成功或失败的实际案例，深入解析咖啡烘焙所需的知识及实践方法。

《咖啡美味手帖》

日本世界文化社 编 / 文汇出版社

2022年1月出版 / 88.00元

全面网罗日本的美味咖啡店铺，解读日本59家精品咖啡店和他们的单品咖啡、组合咖啡，并且洞察了咖啡豆的产地溯源与各大名店的烘焙火候，通过亲身品尝感受，了解咖啡口味和香气的奥妙，教读者如何选豆、研磨、冲泡和保存咖啡，从而发现自己钟爱的咖啡味道。

《好书店·好咖啡》

汪耀华 主编 / 上海人民出版社

2021年7月出版 / 98.00元

收入上海45家实体书店咖啡文化的故事。近十年开业的本地实体书店均十分重视咖啡经营，咖啡经营已成为新开书店的标配之一。

多家全国连锁书店进入上海，以书店、咖啡、体验、生活方式、第三空间等多种业态综合经营，读者定位更加年轻化，自营咖啡品牌相对较为成熟，已经成为书店多元经营必不可少的一环。

《近代上海咖啡地图》

孙莺 编 / 上海大学出版社

2020年8月出版 / 40.00元

选录1895年至1949年间与咖啡馆有关的资料，择自《益世报》《申报》《新闻报》《时报》等近百种近现代大小报纸和民国期刊，讲述咖啡文化，感受时代文化变迁中的咖啡情怀。配有详细的近代上海咖啡地图，满足"咖啡文化"一代人的"咖啡情怀"，也成为他们怀旧寻梦的指南。

《上海咖啡：历史与风景》

陈祖恩 著 / 上海人民出版社

2022年8月出版 / 88.00元

上海开埠后，西风东渐，浓郁的咖啡，伴着香气的浪漫，日益成为都市生活的时尚。"因为咖啡，所以上海"，本书介绍了上海引入咖啡初期三十年的历史与风景，也是那个时代的生活与风情。

咖啡文化的基因留在我们的都市里，历史离我们不远，从海派文化的包容中，寻味地道的城市文化根脉，从中读懂上海。

《左手咖啡，右手世界：一部咖啡的商业史》

[美] 马克·彭德格拉斯特 著 / 机械工业出版社

2021年2月出版 / 79.00元

详尽的咖啡通史。从7世纪的北非到大航海时代的中美洲；从手工研磨的咖啡工艺到星巴克的商业帝国；从咖啡的品质与产地到背后复杂的商业与地缘政治关系；从20世纪的咖啡广告与包装模式到今日咖啡的全球分销体系……一本书揭示了几乎所有关于咖啡的故事。

《逆光之城 / 纽约·咖啡》

刘博 著 / 上海文化出版社

2021年1月出版 / 138.00元

历时五年完成，作者实地考察全美300+精品咖啡品牌后针对每个咖啡品牌从理念、成长发展、运营管理、技术呈现、市场呈现等多维度进行两千多项研究解构后，所凝集成"世界咖啡店城市灵魂系列"书籍的首发本。

《世界咖啡地图》(全新修订第2版)

[英] 詹姆斯·霍夫曼 著 / 中信出版社

2020年6月出版　/　198.00元

《世界咖啡地图》是畅销全球的经典咖啡指南，咖啡迷的圣经。本书为全新修订的第二版，不仅全面更新全球各大产区的一手信息，也扩张了咖啡版图，增加了包括中国在内的六个咖啡新兴产地，完整涵盖了全球咖啡产区的讯息。

《环球咖啡之旅》

[澳] lonely planet公司　编　/　中国地图出版社

2022年4月出版　/　118.00元

探索五大洲的咖啡出品国家，每个国家中推荐了几家独具特色和质感的咖啡馆，在科普咖啡小知识的同时，带给读者周边的旅行资讯，让旅行和咖啡因的乐趣彼此升华。

《世界各地的咖啡馆空间设计》

[日] 加藤匡毅　著　/　机械工业出版社

2021年2月出版　/　98.00元

以环境、人与时间这三个重要的设计元素为框架，讲述了咖啡馆设计是如何受到场地和其周边环境的影响，又是如何影响周边环境的，以及活跃在咖啡馆里的人们与咖啡馆的关系，思考了如何将流逝的时间融入咖啡馆的设计。书中展示了许多加藤匡毅亲手绘制的空间速写，他还为咖啡馆拍摄了大量照片，让读者能轻松阅读。

《伤心咖啡馆之歌》

[美] 卡森·麦卡勒斯 著 / 上海译文出版社

2022年4月出版 / 63.00元

中篇小说。讲述美国南方一个蛮荒小镇上，有钱、有才华但性格孤僻的艾米莉亚小姐、来路不明的驼背表哥雷蒙以及坏坏子前夫马文梅西，以杂货铺改造成的咖啡馆为中心，展开的一段畸零的三角恋情。探索了爱与被爱的不对等关系，环境机遇对天分的影响，有限生命里人的悟性启蒙……

微信推文节选

世纪朵云：手中有咖啡，心中有世界

由上海市委宣传部等指导的2022上海咖啡文化周于8月4日至18日举办，上海市书刊发行行业协会推出由75家书店参加、主题为"啡尝上海·不负热爱——咖香书香在上海"的系列活动。

世纪朵云旗下5家书店全部参展，分别是朵云书院·旗舰店、朵云书院·戏剧店、朵云书院·广富林店、思南书局、思南书局·诗歌店。书店里的世纪朵云自有餐饮品牌C Café，每季都有新

花样，满足你的味蕾。

"如果时光能静下来，我希望是能在书店里喝着咖啡度过。"曾有读者这样告诉我们。

炎炎夏日，潜入书店，来一杯冰美式，就可以治愈我们的一天。若是和朋友一起来，咖啡碰杯，快乐起飞！

朵云书院·旗舰店

抬头看云，低头看书，咖啡的香气氤氲周围，来朵云书院·旗舰店，享受这般惬意生活。

书店里各色咖啡口感丰富。特制法芙娜摩卡加入了法芙娜可可，更突出了咖啡的焦香，牛奶的丝滑和巧克力的甜味，细腻醇厚。手工气泡果子露等带你忆起儿时味道，轻食多元诱人，甜品颜值与美味兼具。在朵云书院·旗舰店，打开一本好书，来场精神和味蕾"流动的宴飨"。

朵云书院·戏剧店

朵云书院·戏剧店二楼的C Café，负责把你的闲暇时光变得甜蜜。

随手点一杯，满满都是戏。你能尝到罗密欧与朱丽叶的离合悲欢，亦可回味梁祝故事的哀婉凄美。美式、拿铁、卡布奇诺百搭不错，季节限定的各式美味，陪伴你读书、看戏，尽享闲适。

咖啡周期间，所有参与"阅读黄浦 啡尝滋味"书店打卡集章活动的读者，集满3、6、9、10个店章，都可以到朵云书院·戏剧店换取对应礼品一份。

　　我们还在书店推出了咖啡主题文创专柜。我们联合生活方式品牌Edwonder，推出了两款大师甄选专属风味咖啡，分享Wonderful彭于晏同款咖啡生活。

　　咖啡味的蜡烛你见过吗？世纪朵云C咖啡×节气盒子，采撷焦糖拿铁的香气，推出C味罐头香氛蜡烛。点燃它，一飞冲天，登上人生C位。

朵云书院·广富林店

　　明代高房，松江雅意。藏在上海最深处的书院朵云书院·广富林店，有古朴的江南气息，还有静谧的阅读氛围。

　　C Café 根据朵云书院·广富林店的建筑美学，研制出云下扎扎灰牛轧糖，灰白色泽相间，宛如一湾湖泊。手工精制的牛轧糖被

细细研磨成粉，鲜牛奶打发至温热，让粉末充分溶于其中。果仁和奶香气瞬间被唤醒，一口便忆起意识深处的甜味。

思南书局

在复兴中路的林荫路上走走，你会偶遇思南书局。书香、咖啡香、茶香蔓延书店各个角落，满足你夏日贪凉的味蕾和寻觅寂静的心。

二楼咖吧，意式咖啡中，有着你最熟悉的咖啡"基础款"，奏响"酸"的多重协奏。冷萃是夏日咖啡界的一股清流，一点一滴的耐心萃取，比手冲的味道更醇正浓郁。

在书店，书籍是当然的主角。我们推出了咖啡主题书籍和文创专区。《这才是咖啡》《咖啡瘾史》《咖啡冲煮的科学》……带你

了解咖啡的海量知识。

"蹦嚓嚓"和"嗲"杯，十足上海味的复古摩登。白色C Café搪瓷杯，金色把手呈"C"字状，搭配竖纹纯白杯身，颜值与质感兼具。

一边用它们喝咖啡，一边跟着书来一场咖啡的奇妙之旅。

思南书局·诗歌店

明净的天空下，进入思南书局·诗歌店，品尝绚烂的"夏花"，或点一杯C Café清爽的冷萃茶或冰美式，感受凉意贯穿全身。

　　星期日、你和我之间，原本是诗名。两股诗意混合着丰富的香气，被注入了两款特调咖啡，待你品尝。

　　桌上的好物等你寻觅。变色马克杯，杯身上有一只悠然自得游泳的水禽。倒入热水，就会有一行隐藏的字迹在外壁缓缓露出！是不是很神奇？桌上的咖啡壶，有没有让你涌起想做咖啡的冲动?

BOOCUP现代书店，"啡"比寻常！

　　2022上海咖啡文化周活动正在火热进行中，上海市书刊发行行业协会举全行业之力推出"啡尝上海·不负热爱——咖香书香在上海"系列活动，现代书店静安嘉里中心店作为参展单位之一，同步推出咖啡主题图书展陈、销售。

现代书店静安嘉里中心店

经营地址：上海市静安区静安嘉里中心北区四楼N4-03&05

开店时间：2014年1月8日

营业时间：周一至周日 10:00-22:00

咖啡提供方：BOOCUP浣熊唱片店

经营地址：上海市徐汇区岳阳路28号

开店时间：2021年11月27日

营业时间：周一—周五 9:30 - 21:00

周六—周日 9:30 - 22:00

现如今，咖啡对于很多人来说早已不限于是一种饮品。

当咖啡和各种美好的事物组合在一起时，便被赋予了艺术文化的内涵。

我们希望通过书与咖啡的结合创造一种不同的生活方式和社交空间，于是BOOCUP应运而生。

自成立以来，咖啡是我们主营业务之一，在总体营收中占25%左右。

BOOCUP共有两层意思。

第一层意思是book（书）+cup（咖啡），是一个书与咖啡结合的复合型经营业态。

第二层意思是book（书）+up（up主：零售行业的头部），我们常跟一些零售行业的头部品牌在书店里一起举办沙龙活动。

2017年我们引入了咖啡业务，"因为咖啡"作为咖啡承包商加盟门店，为读者提供咖啡饮品服务。

本店最经典的咖啡是"销冠"澳白，咖啡豆精选自危地马拉、埃塞俄比亚、哥伦比亚和中国云南，选用2013年度世界烘焙亚军的独家配方。

历经52次测试，18款配方用豆子研磨试喝，一遍遍的烘焙、萃取，只为臻选一个稳定的配方。

这款凝聚了匠心的豆子配方，我们取名为"黑洞"：偏向于浓郁又香甜的黑巧克力风味，带有一些轻微美妙的烟熏风味黑糖感与恰到好处的低酸度，整体体现出醇香厚实的口感。

说到我们对于咖啡品质的坚持，就必须提到BOOCUP的咖啡手作人：陆开（Peter Lu）老师。陆开老师毕业于上海交通大学，创立了国内咖啡品牌，之后义无反顾投身于手作咖啡文化事业。

"为读者带来更好喝的咖啡"这一简单的信念，便是我们的初心和坚持。

2020上海书展期间，我们举办了一场特殊又正能量的公益展——自闭症儿童画展：我的画，你尝到了吗？

在书展期间，咖啡师每天都会制作特调咖啡，活动收益的部分款项捐献给了慈善机构，用于帮助自闭症儿童。

这一次公益展是希望传达给世人：尽管自闭症儿童在视觉和听觉上与常人稍显不同，但对味道的感知，他们和我们并无二致。

我们将本次展出的自闭症儿童的画作印在了咖啡杯上，以咖啡为媒介，搭建了一条与自闭症儿童联系的桥梁。色彩斑斓的杯子，引得不少读者纷纷驻足。边喝咖啡，边看公益展，感受着"星星的孩子"们的创意和对生命的热爱。

现如今，咖啡文化早已深深地融入上海人民的生活中，"上海咖啡文化周"也已成为上海人民喜爱的潮流活动。

现推出2022上海咖啡文化周主题咖啡活动套餐：拿铁1杯+冰淇淋1个+蛋糕1块（徐汇公会会员可享特价）。

得闲饮"咖"，这个周末，来书店坐坐吧。

上海香港三联书店的纸上咖啡馆

咖啡发源于埃塞俄比亚，成名于也门，人类认识咖啡至今已有近千年的历史，世界上第一家咖啡馆开业至今也有468年之久。

1886年，上海第一家咖啡馆开业。到了1946年，上海已经有近两百家咖啡馆。咖啡广告、咖啡器物，咖啡书籍……都是上海咖啡文化发展的历史见证。

时间的妙趣，在于意想不到的地方互相关联，因为一种味道怀念一座城。那些我们见过的，没见过的，尽在这个夏天的上海咖啡故事里。

日期：2022年8月4日—8月18日

营业时间：10:00—21:30

地点：上海香港三联书店（淮海中路624号）

主办单位：上海市书刊发行行业协会

上海联合书业会展有限公司

①旧时模样——咖啡广告图片展

文字和插画的会面，从来都会引人无限遐想。玻璃橱窗上的老上海咖啡海报，再现了20世纪中叶，上海人对舶来品咖啡从认识、接受到喜爱的过程。

②时光里的咖啡香——古董咖啡器物展

古董咖啡器物，让我们得以想象那个梦幻年代的故事。时光里的咖啡味，遥远又亲切的感觉一直留存到今天。此次展览的展品由长三角咖啡行业协会独家提供。

古董磨豆机

产地：美国宾夕法尼亚州费城

制造商：Enterprise制作公司

古董咖啡瓶

时间：18世纪末

产地：土耳其

功能：盛放咖啡豆

小铁轮手摇磨豆机

品牌：中国台湾YAMI

尺寸：高：25.7cm，宽12.3cm，手柄6.5cm

材质：铸铁、纽西兰松木、铸铁磨芯

净重：约1600g

容量：装粉容量约30g

古董盒式磨豆机

时间：20世纪初期

产地：法国杜市瓦朗蒂涅

制造商：标致兄弟公司

复古手摇磨豆机

品牌：中国台湾BE（贝易）

尺寸：14.5*30（cm）

材质：原木底座、铸铁构件、特殊尼龙

净重：约6300g

容量：装粉容量约30g

③书中自有咖啡香——百种咖啡图书展

集结了上海市书刊发行行业协会推荐的20+咖啡文化图书以及作为上海香港三联书店特色的港台版有关咖啡文化的图书，共有上百种之多。

我们试图把散落的各种有关咖啡的碎片一点一点拼起来，把安静的保存在时间深处的咖啡味道，再次展现在读者面前。

《精品咖啡大全》（积木文化出版）

咖啡大师四十年实战心得，专业级烘焙、萃取技术无私公开，由浅入深，带你走进精品咖啡的世界。精品咖啡讲求产地与风土，要求颗粒大小与硬度，不同品种的咖啡豆有不同的烘焙方式，必须通过种种条件考验才能跻身卓越之列，严苛的标准为其美佳风味提供保证！香气浓郁、口感醇厚，有着可媲美葡萄酒般複杂且精妙的滋味！

《咖啡教父史考特烘豆实作圣经》（方言文化出版事业有限公司出版）

咖啡教父史考特·拉奥既畅销书《咖啡烘豆的科学》之后，专研6年，再次推出进阶实作篇。本书专为咖啡烘豆熟手所写，因此定位为咖啡烘豆的"实作圣经"，全球咖啡迷引颈期盼。

读完这本书，便能习得大师级的烘豆经验结晶，有效降低不良比、提升风味、稳定品质，在家烘出优质的咖啡熟豆。

《史上最精华咖啡学》（瑞升文化事业股份有限公司出版）

这是一本"咖啡学"的入门书，为实现轻松学习，以一问一答的方式对咖啡知识进行了总梳理。广濑教授希望能通过以咖啡为题材的课程，让大家实现多角度学习，加深对自然科学的理解，并提升人们对咖啡的兴趣和关心。

本书收录了广濑教授自1997年开始进行的32堂课程的内容，从咖啡的原料与出产开始讲起，一直到咖啡的贸易，再到烘焙的学问，甚至是咖啡在医药学方面的贡献等，涵盖了关于咖啡的各方面知识。

《独立品牌咖啡馆创业学》（城邦文化事业有限公司麦浩斯出版）

独立咖啡馆当道，前仆后继抢攻上亿商机黑金市场！如何在变心如翻书快、选择众多的网络年代，培植自己的品牌忠实信徒？

本书首度以"四大经营模式"归纳中国台湾独立咖啡馆类型，立意于对独立品牌咖啡的崛起做深入的研究与个案报道，并从中归纳出他们如何在秉持独立品牌特色下，发展出专属的"品牌定位""经营方针""展店策略"，达到稳定的商业获利结果！

《UCC咖啡博物馆带你认识咖啡》（邦联文化事业有限公司出版）

从一碗稀饭到一杯咖啡。咖啡，最初是被当成胃药，以煮成稀饭的方式食用，而后才逐渐演变成现在我们熟悉的模样。不知何时，咖啡普及至衔接亚洲与欧洲的伊斯坦丁堡，所以在欧洲造成流行也只是早晚的问题，此后更往世界各地开花散叶。

今日的咖啡已与日常生活密不可分，人们不只是对于咖啡的风味，甚至是产地、工人的生活环境等等也越来越有要求。咖啡已渐渐走向精致化，从神秘果实摇身一变，成为掳获世人的时尚饮品！

《咖啡品牌设计美学》（邦联文化事业有限公司出版）

每年都有无数咖啡品牌诞生与结束，如何创造品牌独特性、维持品牌竞争力、延长品牌生命线？就从有想法的设计开始。设计可以制造关键的卖点，鲜明的包装符号有助于消费者建立品牌联想，加强品牌认知。

本书囊括世界咖啡文化的精华，展示全球优秀的咖啡平面设计与空间设计，精彩的图文与版式设计不仅为设计师提供实用参考，也为咖啡业者和爱好者提供了解咖啡的全新视角，从成功品牌的设计创意中汲取灵感。

《咖啡基本功·器具》（绘虹企业出版）

零基础也OK！咖啡基本知识和器具全收录,由咖啡从业者亲自示范，以详细易懂的图文编排，将咖啡知识与关键诀窍倾囊相授，从选豆、烘焙、冲煮到器具选择，一应俱全，在家也能品尝专业级好咖啡！世界咖啡地图巡礼，感受咖啡百变风味。小小的咖啡豆，根据产地的不同，口感及香味各有差异，本书带领你一窥世界知名产地，更提供17种咖啡豆评比，清楚呈现其风味雷达图，快速找到

适合自己的咖啡豆，是咖啡爱好者不可错过的选豆指南。

《满月咖啡馆》（瑞升文化事业股份有限公司出版）

夜深人静，皎洁的月色下，有一间店亮著温暖的光，围绕季节、气象、天体所衍生的轻食，静静安顿你疲惫的心灵。日落时分开店，日出时分闭店，欢迎光临——满月咖啡店。

现如今的咖啡，在中国已经成为重要的经济板块，据不完全统计，仅上海就有8000家左右的咖啡馆。同时，咖啡也跨界出现在了服装店、奶茶店、美容美发店、书店，使不同的场景有了更好的消费体验，从而带动新的消费力增长。

纵观咖啡的历史，早已和上海这座城市密不可分，深深融入上海文化的血液中，上海咖啡文化周也将成为当下年轻人喜爱追赶的潮流活动。

艺术书坊"啡尝滋味"咖啡品鉴体验沙龙及系列活动拉开帷幕

地址：福州路424号艺术书坊

营业时间：9:30—18:00

咖啡品牌：艺术咖啡ART COFFEE

艺术咖啡"啡尝滋味"品鉴体验沙龙，带您了解咖啡文化、体验冲调拉花制作、品鉴上海特调饮品；"笔墨匠心，海上花开——月份牌与海派文化"主题图片展，聚焦"月份牌"这一以上海为代表的近代都市生活缩影及形象化史料；"小技术，大文明——影响全球文明的中华工匠技术"主题展，追索闪耀世界的中华工匠文明

之光；还有为本次2022上海咖啡文化周特别推出的"旧时模样——上海咖啡广告图片展"和促销活动……有吃、有玩、有书香，快随小编来看看吧。

艺术咖啡"啡尝滋味"品鉴体验沙龙

时间：2022年8月6日（周六）14:30-16:30

地点：艺术书坊一楼咖啡吧台

主办：上海市书刊发行行业协会、上海联合书业会展有限公司

承办：上海图书公司、艺术书坊、长三角咖啡行业协会

活动邀请嘉宾：

林文超，2021上海国际潮流饮品赛上海站冠军、2020王牌咖啡师挑战赛（TBC）潮流饮品赛上海站冠军、2020TBC潮流饮品赛全国总决赛亚军、2015云南杯手冲赛优秀选手、精品咖啡协会（SCA）国际咖啡师中级认证、SCA国际咖啡烘焙中级认证、SCA国际咖啡感官品鉴中级认证。

陈嘉悦，咖啡品质学会（CQI）品质工程（QE）课程讲师、上海市自贸区咖啡交易中心生豆品控&咖啡培训师。在2019-2021每年举办的王牌咖啡师挑战赛中，曾分别担任

过上海赛区、广州赛区、南京赛区、全国总决赛的感官评委、技术评委、冲煮评委等。

咖啡文化的发展与传播——20世纪的老上海咖啡馆之旅

以历史为时间线轴，由国际咖啡品质学会CQI QE课程讲师带您共同品鉴20世纪海派文化里的老上海咖啡味道。

地点：艺术书坊一楼文创区

内容：20世纪的三款代表性老上海咖啡饮品简介、三款饮品的互动式制作体验、跨越时空的咖啡之旅——当21世纪的云南精品咖啡豆与20世纪充满历史情怀的咖啡器具相遇，将会碰撞出怎样的感官新体验⋯⋯

海派咖啡文化的新纪元——21世纪的上海咖啡馆新浪潮

资深咖啡师&上海潮流饮品双料冠军带您沉浸式体验21世纪的新上海潮流风情。

地点：艺术书坊一楼咖啡吧台

内容：咖啡拉花制作观赏、冰滴/冷萃咖啡介绍+品鉴、解密上海特调潮流饮品冠军独家配方、亲自体验拉花制作+品鉴独家潮流饮品

2022年8月4日至18日2022上海咖啡文化周期间，店内任意消费满50元赠10元饮品抵用券。

其他主题展

现场还有"笔墨匠心，海上花开——月份牌与海派文化"主题图片展（一楼）、"旧时模样——上海咖啡广告图片展"（一楼）、"小技术，大文明——影响全球文明的中华工匠技术"主题展（二楼）可以参观。

"笔墨匠心，海上花开——月份牌与海派文化"主题图片展聚焦"月份牌"这一以上海为代表的近代都市生活缩影及形象化史料，让人们从另一个角度解读当时的社会生活、审美观念以及视觉表现形式，并窥探20世纪前期中国大众文化的兴起和发展过程及其对中国现代美术的影响。

"旧时模样——上海咖啡广告图片展"展出若干20世纪初老上海咖啡馆实景图片，以及红棉咖啡馆、明星咖啡馆、维多利亚咖啡室、皇后咖啡馆、永安花园咖啡室、大中华咖啡馆、白雪咖啡馆等几十家老上海咖啡经营场所宣传广告，让人们近距离感受海派文化的风情。

"小技术，大文明——影响全球文明的中华工匠技术"主题展则以"中华工匠技术全球小史观光旅程"的图文方式，带领人们追索闪耀世界的中华工匠文明之光；同步展出的清末、民国时期的老墨锭、老坑砚台、铜镇纸、名家刻臂搁、印规等文玩老物件，还能让您近距离一睹早年工匠精湛的手工艺。

中版书房·长宁店：
每一杯咖啡都是一次精彩的旅程

店名：中版书房 · 长宁店

经营地址：上海市长宁区仙霞路345号102

开业时间：2019年8月14日

营业时间：10:00–18:00

你可曾因为一杯咖啡，而爱上一家书店？

2019年8月14日，由中国出版集团东方出版中心一手打造的中版书房，在长宁区仙霞路东方世纪大厦开业。中版书房邀请参与日

本茑屋书店打造的小野良介先生主持空间设计，是一个集图书、茶咖、文创与演讲空间为一体的新型文化阅读空间。环境静谧优雅。

2022年8月4日至18日，中版书房·长宁店携特色咖啡、咖啡主题书籍积极参与上海市书刊发行行业协会推出的主题为"啡尝上海·不负热爱——咖香书香在上海"系列活动。

在这里，你可以捧一本喜爱的书籍，点上一杯香味醇厚的咖啡，让书香和咖啡香在鼻尖环绕，畅想未来也好，看窗外人来人往也好，静静度过一段闲暇时光。

书籍是灵魂的契合，咖啡是肉体的感官。

中版书房不仅为大家挑选优质图书，在咖啡豆的选择上也颇有研究。

云南是中国最大的咖啡种植省，由于特殊的地理环境，云南小粒咖啡带有一种独特的醇香。就连《纽约时报》的美食专栏也称赞其"带有饱满的醇度，和令人愉悦的黑巧克力口味"。

不爱喝咖啡的人，坐在书店久了，闻着充满诗情画意的咖啡香，也会潜移默化地爱上它。在此，我们也为大家挑选了几款经典的品种。

经典美式：口感顺滑，层次多样。入口俏皮的果酸止于舌尖，红茶的茶感以及红糖的余韵，平衡柔和。

生椰燕麦拿铁：燕麦奶的谷物香气和温暖柔滑的椰子发生碰撞，与香醇诱人的咖啡在唇齿间邂逅，轻盈沁爽，温柔浪漫。

榛果拿铁：榛子巧克力的香甜先一步弥漫在鼻尖，与咖啡交香融合，品尝一口，心情也随之点亮。

无论是暖暖的午后还是下雨的傍晚，在这里，我们聆听、凝望、感受、品尝并谈论书籍和咖啡，让浓郁的咖啡也带上了书卷气，仿佛能容纳我们所有的梦想。这是否是你向往的生活呢？

优惠活动

1.扫码加入读者群，全场图书8折优惠，文创9折优惠。

2.凡一次性购买图书200元以上，送咖啡20元代金券。

3.凡一次性购买图书300元以上，送咖啡20元代金券，随机赠送一节中版体验课。

4.凡一次性购买图书500元以上，送一杯拿铁，随机赠送一节中版体验课。

《咖啡简史》

[法]格洛丽亚·蒙特内格罗　[危]克里斯蒂娜·希鲁兹 著

古吴轩出版社

这是一本融合了咖啡历史、咖啡文化、咖啡制作与品鉴技巧的咖啡学百科全书。

从摩卡到巴黎，从苏莱曼一世到路易十四，从危地马拉的生产商到你的咖啡杯，还有咖啡世界的新兴职员：咖啡豆猎人、烘焙师、咖啡师、品鉴师……咖啡的世界历史深厚而充满魅力。博学幽默的格洛丽亚在书中会给我们详细讲解这个让葡萄酒都嫉妒的饮品方方面面的知识，这是一本颇具权威的咖啡学宝典。

《烘一杯好咖啡》

许吉东 著　江苏凤凰科学技术出版社

本书集结了咖啡大叔十年来研究咖啡的心得.引领读者跟随咖啡大叔的脚步，走访中国台湾50家人气自家烘焙咖啡馆，解读咖啡店长不轻易透露的美味配方，品鉴50种极致风味的咖啡，一窥店长从选豆、烘豆直到冲泡，做出一杯完美咖啡的匠人精神。

《欢迎光临，二代咖啡》

[韩] 许英万 绘图   [韩] 李镐傅 文字   高宝出版集团

全球咖啡迷都该珍藏的经典咖啡漫画。

首尔的一条小巷中，对咖啡充满自信的"二代咖啡"老板朴硕以始终如一的咖啡品质赢得不少忠实顾客的心。为了向朴硕学习独特的咖啡哲学，热情满满的青年姜戈壁每天都到咖啡馆外报到，偶然地成为朴硕的首席弟子，以咖啡与来到这家咖啡馆的人们一同演绎出如同炊饭般香气迷人，让人打从心里温暖起来的故事。

赏味八月，
在光的空间多维度体验海派咖啡文化

2022年8月4日起，来新华文创·光的空间、明珠美术馆，邂逅咖香、书香与艺术的生活。

8月4日，由市委宣传部等指导的2022上海咖啡文化周拉开序幕，上海市书刊发行行业协会举全行业之力推出"啡尝上海·不负热爱——咖香书香在上海"系列活动，75家品牌书店以近140场活动参与其中，成为咖啡和文化相连的重要场所，新华文创上海咖啡文化周特别活动同期启动。

系列活动在新华文创·光的空间与明珠美术馆陆续开启，通

过可观赏的咖啡短片、可阅读的咖啡书单、可品味的咖啡新品、可持续的生活美学展览等多维度立体体验，引领艺术文化阅读，探寻海派文化中的咖啡底蕴，体味苦中回甘、温暖坚韧的咖啡精神。

作为新华文创上海咖啡文化周期间的重磅活动之一，新华文创·光的空间特邀作家陈丹燕女士，8月6日在光的空间举行陈丹燕咖啡短片《哨子》首发仪式暨《上海的金枝玉叶》特制焙炒咖啡品鉴会。

在陈丹燕娓娓道来的上海故事里，在上海街角咖啡馆的旅行展望里，在《上海的金枝玉叶》特制咖啡的馥郁芬芳中，文学、艺术、阅读、生活，融汇成上海咖啡文化的点滴脉络，交织塑造着上海这座城市的面貌与品格。

活动时间：2022年8月6日 周六 14:00－16:00

活动地点：上海市闵行区吴中路1588号爱琴海购物公园F701新华文创 · 光的空间·心厅

参与方式：本次活动免费，长按识别二维码报名（本次活动参

与人数有限，先到先得）

《哨子》首发仪式

"一个城市的咖啡馆，就像这个城市的起居室一样……它总是反映了这座城市的精神面貌与内心的需求。"

——陈丹燕

《哨子》是跨类型电影《四季咖啡馆》其中的一部。《四季咖啡馆》由7部风格多样的电影短片组成，来自沪上的7位电影人携手完成了以上海城市咖啡馆作为表达空间的一次集体创作。

这是陈丹燕第一次创作短片，故事发生在上海的一家街角咖啡馆里，陈丹燕在这里写作，面对不断改动的行程和瞬息万变的世界，忐忑、思索、观望。在与朋友的视频连线中，这位旅行作家尝试寻求各种重返世界的方法。她在影片中说道："写作是寂寞的工作，就像一个人在造一栋房子，所以我总在咖啡馆工作，这里轻松一点。咖啡很香，它鼓励灵感。"

该片由上海市静安区文化发展专项资金支持，上海广播电视台纪录片中心和SEEING STUDIO协力制作。

咖啡：《上海的金枝玉叶》特制焙炒咖啡

"旅行中用来遮风避雨排解孤独的咖啡馆，其实也是人生散发着清冽苦味的教室。一杯甜若爱情、苦若生命、黑若死亡的热咖啡里，其实盛着人生。"

——陈丹燕《咖啡苦不苦》

"我杯子里不是每次都有千山万水嘛。"这是《哨子》里陈丹燕的一句台词。热爱旅行的陈丹燕在咖啡短片之外，也为新华文创·光的空间的读者带来了从她畅销25年的作品《上海的金枝玉叶》引申而来的特制精品咖啡，本系列咖啡风味与《上海的金枝玉叶》一书的阅读体验相关。

在新华文创·光的空间邂逅一款唯一与畅销书密切相关的国产精品咖啡。

陈丹燕表示："做这款咖啡是为了纪念《上海的金枝玉叶》这本书（出版）25周年，同时也为了致敬书中的女主人公郭婉莹（黛西）。"在烘焙这两款咖啡豆的时候，在她脑海里一直出现的是"激励"和"安慰"两个词语。

"黛西的故事教导和激励

了我，她能挺身于暗夜，安静独行，我也能。"

"黛西的故事鼓舞和安慰了我，就像浑身发冷时，这一杯热的、甜的，散发着红糖暖意的咖啡。"

2022年8月6日，《上海的金枝玉叶》特制焙炒咖啡品鉴会邀请读者亲身体验，这款特制咖啡在上海咖啡文化周期间在"新华文创·光的空间 | CAFE"书店咖啡吧上架出售。

8月4日起，在由上海市书刊发行行业协会公布的"咖香书香在上海20+新书单"基础上，光的空间精选中外咖啡主题图书300余册、50余种，在书店内举办"新华文创·光的空间咖啡主题书展"，其中包括文汇出版社新近出版的《咖啡美味手帖》一书及新华文创旗下诸多精美独特的文创产品。

推荐阅读

《咖啡美味手帖》

日本世界文化社 编　文汇出版社

本书全面网罗全日本的美味咖啡店铺，解读日本国内屈指可数的三大精品咖啡店的精品咖啡，通过亲身品尝感受，了解咖啡口味和香气的奥妙，教读者如何选

豆、研磨、冲泡和保存咖啡，从而发现自己最钟爱的咖啡味道。本书具有较强的知识性、趣味性和实用性，对于咖啡爱好者、咖啡产业从业者及与此相关的文创产业开发都会有一定启示。

店名：光的空间·新华书店

经营地址：上海市闵行区吴中路1588号爱琴海购物公园F701

开店时间：2017年12月16日

营业时间：10:00—22:00

咖啡品牌名称：新华文创·光的空间 | CAFE

咖啡经营品种：美式、拿铁、澳白、手冲，特调咖啡等

咖啡休闲区经营面积：170平方米

咖啡休闲区座位数量：80

自2017年12月16日正式在爱琴海购物公园开业以来，陪伴光的空间一路成长的，就有我们的咖啡自有品牌"新华文创·光的空间 | CAFE"。咖啡吧的操作台面积约有5平方米，运营着书店后场及心厅两个楼层约80个消费座位的饮品服务。从早10点至晚9点，1台咖啡机、1把手冲壶、2台磨豆机、1位全职咖啡师搭配1位兼职咖啡师，脚步匆匆、手稳活细，承担起一天的点单、出品和清洁服务等全流程工作。

目前，我们选用的单品豆和拼配豆均来自知名产区以及知名的咖啡豆品牌，而我们的全职咖啡师则拥有Q证和SCA国际金杯冲煮

和咖啡师高级资质等专业咖啡证书，并且还有多年精品咖啡店和大型连锁咖啡店的从业经验。

意式咖啡和特调咖啡是咖啡吧的畅销产品，但要考验一个精品咖啡馆的品质，那么手冲咖啡也是无法绕过的评判标准。我们会不定期推出世界不同产区手冲咖啡及特调新品，并会依据时节和咖啡豆质量更换新风味，为读者的味蕾带来新的惊喜——"啡"尝好喝——凤梨冷萃咖啡特调饮品：由鲜榨凤梨汁的酸甜感搭配特殊处理法的哥斯达黎加和埃塞豆制成，"新华文创·光的空间 CAFE"书店咖啡吧在咖啡文化周期间推出仲夏新品"啡"尝好喝——凤梨冷萃咖啡特调饮品，为读者献上层次丰富、清甜可口的独特清凉饮。

观展：经典咖啡器具设计掠影

上海咖啡文化周期间，除了新华文创·光的空间的丰富咖啡文化活动，读者也可在与之一体的明珠美术馆观赏目前正在展出的"长效设计：思考与实践"展览。作为"长效设计"理念在上海的首个大型展览，这一展览全面系统地介绍了设计活动家长冈贤明独特鲜明的设计思考与多领域实践，囊括"长效设计"在日本的丰硕成果，深入地域特色物产传统与现代风貌，还特别策划了"回声：本土设计师的探索"单元，甄选呈现10位中国设计师与品牌各具特色的长效设计探索。

展览的九个单元600余件设计佳品中亦不乏与咖啡息息相关的

设计。更多与咖啡文化、上海城市相关，体现可持续生活美学的设计品、书籍、文创，等你来发现。

结合"长效设计"理念，新华文创·光的空间与明珠美术馆利用咖啡吧和文创资源，共同开发了一系列旧物改造、循环再利用主题的工作坊，其中包括"咖啡渣能力——咖啡渣的妙用"主题手工活动。

本次活动期间，来到新华文创·光的空间与明珠美术馆的读者观众们，可享以下多重福利。

1. 凭明珠美术馆"长效设计：思考与实践"展览门票或在新华文创·光的空间咖啡主题书展展销区购买任意图书的小票，可至书店前台领取新华文创·光的空间10元饮品抵用券1张。

2. "咖啡渣能力"——到店读者可免费领取咖啡渣1包（数量有限，送完即止）。

在新华书店平高世贸店细品咖啡，慢品生活

店名：新华书店平高世贸店

经营地址：上海市松江区中山中路77号平高世贸商城3楼

开店时间：2015年1月16日

营业时间：9:30—21:00

咖啡品牌名称：上海新华传媒连锁有限公司自营品牌

咖啡经营品种：经典美式、风味拿铁等十余个品种

咖啡休闲区经营面积：120平方米

咖啡休闲区座位数量：60座

由市委宣传部等指导的2022上海咖啡文化周将于8月4日至18日举办，上海市书刊发行行业协会推出由75家书店参加、主题为"啡

尝上海·不负热爱——咖香书香在上海"的系列活动。

今天，小编就带大家走进藏在松江新华书店内的咖啡店，感受迷人的醇香，享受慵懒的时光！

新华书店平高世贸店的前身，源于新华书店松江支店。自1949年营业至今已有七十三载，总共历经了五次迁移，于2015年搬迁至平高世贸商城。

为了契合读者们的阅读及休闲需求，于2018年引入了自营咖啡品牌，向大众展现出传统国有书店"年轻、开放、进取"的一面。

咖啡&制作技艺

为了更好地经营咖啡业务，保证咖啡品质，书店与权威机构合作，引进专业的设施设备和技术。

店内咖啡师也都是由原本书店员工经过严格培训考核后上岗，咖啡冲泡技术熟练而精湛，出品的产品饱受读者好评。

咖啡&特色及风味

书店对制作物料精心挑选，品质严格把关。选用的咖啡豆是由六种不同产地和品种的咖啡豆拼配而成，豆子互相取长补短，调和出风味绝佳的混合咖啡豆。

采用中深度烘培很好地保留了咖啡豆的原始风味，因此萃取出来的咖啡液有着丰富的油脂，口感醇厚而留香持久，并伴有坚果、黑巧以及坚果风味。

店内的醇厚拿铁俘获了不少咖啡爱好者的青睐，是店内经久不衰的畅销品。轻轻品上一口，细细滑过喉咙，咖啡的醇、酸、苦、甘交织在一起，带来丰富的层次体验，配上一朵精美的拉花，自然令人无法抗拒。

咖啡&新品及周边

"咖柚""萌猫萌狗"挂耳……为了保持消费者的新鲜感，新品研发组费尽心思反复探索与尝试，陆续推出了多款限定款饮品及周边。

其中"萌猫萌狗"主题挂耳咖啡凭借其软萌的包装设计、便捷的冲煮方式，及醇香的风味，成了

上班族们的"续命神器"，一经推出就备受追捧。

近期上新的"咖柚"不仅具备清爽又解渴的口感，更是通过将风趣的沪语元素与咖啡相结合的方式，让人耳目一新。

咖啡&环境

木质桌椅、盆栽绿植、铁艺吊灯将咖吧环境布置得简约又不乏时尚，烘托起浓浓的"阅读情怀"。

与其说这是书店，不如说这是新时代、新环境下充满文化气息的阅读书房，更是读者们理想中的"诗意的栖居地"。

目前，咖啡销售占门店总销售的10%以上，并呈稳固上升的销售趋势。"书籍+咖啡"的混合经营模式，旨在向读者发出一种邀约，走进书店，亲近阅读，享受生活。

闲暇之余，无论男女老少都能静坐店内，给自己一段温暖的时光，让灵魂安静地绽放。

钟书阁——与书相伴，芬芳无限

店名：钟书阁泰晤士店

营业时间：5月—11月 9:00—20:00（逢周一11:00营业）

　　　　　12月—4月 9:00—18:00（逢周一11:00营业）

咖啡休闲区经营面积：约320平方米

咖啡休闲区座位数量：150

　　钟书阁自2013成立以来一直致力于打造成一家环境美、图书美、体验美的书店，以"为读者找好书、为好书找读者"为服务理

念，为读者提供一个阅读、交流的平台。

由市委宣传部等指导的2022上海咖啡文化周8月4日拉开序幕，上海市书刊发行行业协会举全行业之力推出啡尝上海·不负热爱咖香书香在上海系列活动。

钟书阁特此推出在8月4日至8月18日，到线下指定门店，全场自制饮品八折活动！

2013年4月23日世界读书日，钟书阁首店上海泰晤士店开业，短短几年内她被誉为申城的文化地标，用"美"重新将读者唤回书店，成为大家的"精神驿站"。

阅读需要安静和清醒，咖啡恰好可以令人安静和清醒，这或许正是我们现代生活所需。当读者在一个下午端坐于钟书书屋一隅，慢饮一杯咖啡，进入文字的世界，如遇上阴雨绵绵，心底不由平添几份宁静，翻阅手中的书籍，或是小说，或是散文，就如同品咖啡

给人的感觉，有时沉静，有时香醇，有时活泼多变。

"书痴咖啡"也应运而生，它代表着一种历久弥新的情怀，也寄托着太多读书人深藏在心底的情感。

书痴咖啡

书痴咖啡创始于2013年，是我们开启多元文化空间的其中一项服务内容。我们意识到，如今的书店读者群已发生改变，

大家需要的不仅是一本好书，更需要一个温馨的空间、一杯温暖的咖啡以及一段只属于自己的惬意时光。

时光匆匆，从当初面对各种豆子不知所措的咖啡"小白"，到如今，全员培训咖啡知识，甄选进口咖啡豆，用心制作每一杯饮品呈献给读者。

书痴咖啡已然成为书店之中不可或缺的一部分。也因品质佳、口感好，钟书阁这些年，收获不少忠实的咖啡读者。

他们来到钟书阁，不止为阅读，更为品一杯香浓的咖啡、喝一壶上好的红茶。

书香咖啡：浓郁的爱尔兰糖浆混合于拿铁咖啡中，带来独特的清香风味，是钟书阁读者来店必点的一款热饮咖啡。从第一口开始，就能打开你的味蕾，唇齿留香。

椰椰拿铁：在钟书阁，夏天的味道=椰丝+牛奶咖啡！配合醇香的健康奶油、清香的椰子脆片，随时随地都能感受到东南亚吹来的海风，你也快来试试吧！

我是咖啡"手作人"

作为钟书阁嘉定店的咖啡师，面对着人来人往，一波又一波

的书友，总有些书友们让我们把他们的习惯刻在心中。每逢周末，"卡布"先生都会点上一杯我们心领神会的卡布奇诺，找一个教辅区安静的角落，捧着一本二楼寻找的社科方面的书籍，有时候一整天，有时候一下午，咖啡为伴，享受以手指触碰纸张的奇妙感觉，丰富着自己的知识。走之前，也会和我们闲聊几句，问候彼此，是个爱书爱生活的暖心人。

或有三两好友闲暇之余聚首在我们的梦想书屋，各自点一杯喜欢的饮品——清淡的美式、甜甜的摩卡，浓郁的拿铁，配上手中的读物，时而聚精会神，时而轻声细语，时而打卡留恋，每一秒都充实着快乐。

这里也吸引了不少宝妈带着孩子来畅游儿童图书的海洋，会有几个熟悉的面孔亲切地说道"来一杯咖啡，一份宝宝喜欢的松饼"，孩子们轻车熟路地跑向学生书屋，挑选着自己喜爱的故事书，乖巧地坐在父母身边，咖啡香、松饼香弥漫在空气中，很久很久……

实现销售咖啡主题图书1100余册、咖啡饮品超7万杯

由市委宣传部等指导的2022上海咖啡文化周8月4日至18日举办，上海市书刊发行行业协会举全行业之力推出"啡尝上海·不负热爱——咖香书香在上海"系列活动，75家参展书店举办了近140场活动，实现咖啡主题图书销售1100余册、咖啡饮品170.5万元，销量超过7万杯，体现咖啡和文化相连的成果。

2022上海咖啡文化周期间，75家参展书店咖啡饮品销量增多。如大隐书局·九棵树艺术书店咖啡累计销售940杯，比正常周期销售增加了近200杯；大隐书局·金山张堰店咖啡销售比平时提升了30%，线上外卖平台咖啡销量也有所增加。

咖啡主题图书的集中展陈受到读者的关注。市民赵先生从媒体上了解到新华书店平高世贸店是上海咖啡文化周的参展书店，特意到店内参观打卡，看到主题专柜陈列着琳琅满目的咖啡类图书，他在翻阅之后感慨道：原来咖啡与我国的茶文化一样，背后也蕴藏着丰富的历史和内涵。交大书院一位读者在社交媒体上写道："上周带弟弟来参加活动，一进门就发现上海咖啡文化周的宣传海报，

在一楼挑了一本《好书店·好咖啡》，配着一杯香草拿铁，准备开启我的美好周末。看了书才知道上海原来有这么多有咖啡经营的书店，还没来得及打卡。那交大书院就算我的第一站吧！"

实现销售的1100余册咖啡主题图书中，[日]石胁智广著《你不懂咖啡》（江苏文艺出版社），陈祖恩著《上海咖啡：历史与风景》（上海人民出版社），[法]陈春龙、[法]塞巴斯蒂安·拉西纳著《我的咖啡生活提案》（北京日报出版社），[美]马克·彭德格拉斯特著《左手咖啡，右手世界：一部咖啡的商业史》（机械工业出版社）等成为销量较高的书。

特色活动和展览成为"啡尝上海·不负热爱——咖香书香在上海"系列活动的亮点。上海香港三联书店承办了"啡尝上海·不负热爱——咖香书香在上海"开展仪式，上海市委宣传部发改办主任刘海英，上海市出版协会理事长胡国强等为开展揭牌。

8月8日下午，市委宣传部副部长王亚元、市委宣传部发改办主任刘海英、市委宣传部国资办主任张辉莅临上海香港三联书店参观系列展览。王部长对上海出版物发行行业75家书店积极融入参与咖啡文化周活动表示肯定，对上海市书刊发行行业协会组织的丰富多彩的咖啡主题活动表示赞赏。

上海市书刊发行行业协会主办的"旧时模样——上海咖啡广告图片展"在上海香港三联书店、艺术书坊、1925书局同时开展，每逢夜晚，一些读者会在书店沿街的玻璃门窗前驻足观看。上海香港三联书店举办的"时光里的咖啡味——古董咖啡器物展"吸引了众多读者。一位读者表示，通过展览对咖啡文化有了更多的了解，旧上海的咖啡广告、古董咖啡器物都在以前很少见到，令人大开眼界。

8月15日，上海市书刊发行行业协会发布《上海市出版物发行行业咖啡服务标准》，共计23款170条细则，是中国出版物发行业首个咖啡专业服务标准，对于推进、引领行业咖啡经营和服务标准化的整体水平，培养行业咖啡标准化人才，提升实体书店品牌影响力，推进书店融合发展等方面将起到积极作用。

8月18日中午，上海市书刊发行行业协会联合上海品牌实体书店的七款品牌咖啡集聚慰问全市中小学课本保供人员，显示同业彼此互助、共克时艰和共享清凉的友情，向每位员工送上了毛巾、肥皂、绿豆、万金油等防暑降温用品，也使这些坚守一线工作的员工品尝了1925书局的上海咖啡、艺术书坊的艺术咖啡、思南书局的C Café、钟书阁的书痴咖啡、大众书局的纸品咖啡、建投书局的传记咖啡、西西弗书店的矢量咖啡等七款品牌咖啡，鼓舞干劲、多干巧干，力争实现"课前到书，人手一册"。

8月18日下午，上海市书刊发行行业协会举办《全球书店步行（第一辑）》首发座谈会。这是一本宝藏图文书，其所收入的书店不乏全球最美书店、最古老书店，包括9个国家16个城市的三十多家书店。

丰富的文化活动吸引了各界人士的关注。8月6日，新华文创·光的空间举行的陈丹燕咖啡短片《哨子》首发仪式暨《上海的金枝玉叶》特制焙炒咖啡品鉴会上，陈丹燕带来了从她畅销25年的作品《上海的金枝玉叶》引申而来的特制精品咖啡，她说："做这款咖啡是为了纪念《上海的金枝玉叶》这本书（出版）25周年，同时也为了致敬书中的女主人公郭婉莹（黛西）。" 在烘焙这两款咖啡豆的时候，在陈丹燕脑海里一直出现的是"激励"和"安慰"两个词语。她非常荣幸能作为近期光的空间首场线下活动的嘉宾来到现场，与读者分享新作咖啡短片，共赏特制咖啡。

在8月14日1925书局举办的"上海咖啡：历史与风景"活动中，一位日本在沪人士参加活动后，在微信朋友圈中写道：今天下午，有幸参加陈祖恩教授的《上海咖啡：历史与风景》线下讲座。这是一场上海咖啡文化周的系列活动，活动会场1925书局是商务印书馆（虹口店）旧址，是一家充满文化气息的书店讲座内容丰富多彩，让我对上海的历史和文化有了重新认识。此外，翻阅本次文化周推出的20本书单，发现其中4本原文来自日本，其他还有来自美、英、澳、韩等国书籍的中文版，可以感受到咖啡文化真是个跨越国界的国际文化。

现代书店静安嘉里中心旗舰店首次和徐汇区总工会携手区文化旅游局，向徐汇工会会员提供专属套餐，进一步拉近了上海出版物发行行业和文旅兄弟企业单位的关系。

上海外文书店举办的"'啡你不可——了解咖啡的前半生'答题赢好礼"活动，采用了线上答题的形式，妙趣横生的咖啡小知识、便捷的互动模式，使读者对咖啡文化有了更大的兴趣。

一位在建投书局·上海浦江店参加"贝多芬主题——手冲咖啡分享体验"的读者，活动结束后在微信朋友圈写道：一个从来不喝咖啡的人，去上海咖啡文化周的"贝多芬咖啡沙龙"凑热闹，发现主办方建投书局实在太美了！活动把咖啡发现历史、咖啡类型、手冲方法讲了一遍，还学做了精致的手冲咖啡。我最喜欢的环节是自己选择赠书，感觉送的书不错。

"啡尝上海·不负热爱——咖香书香在上海"海报征集活动收到43幅海报作品，分五辑在上海书展微信公众号上发布，《印象派香味》《咖香书香在上海》《旧时模样》等3幅作品荣获优秀作品。

"啡尝上海·不负热爱——咖香书香在上海"微信推文征集活动收到38篇微信推文，截至8月15日，上海书展微信公众号发布37篇，8月15日9:00统计的阅读量为1.37万。上海香港三联书店、现代书店静安嘉里中心旗舰店、朵云书院·旗舰店的微信推文获得一等奖；艺术书坊、中版书房·长宁店等5家书店的微信推文获得二等奖；上海外文书店、读者·外滩旗舰店等8家书店的微信推文获得三等奖。

"啡尝上海·不负热爱——咖香书香在上海"系列活动吸引了众多媒体做了报道。8月4日，《文汇报》头版刊发《沪上75家品牌书店看过来！咖啡成阅读"流量"新入口》，《解放日报》第5版刊发《2022上海咖啡文化周开幕在即，75家品牌书店加入阅读的力量，助力打造"咖啡城市"》，《新民晚报》第10版刊发《来

书店 恰咖啡！七十五家品牌书店邀请你多停留一会儿》；《中国出版传媒商报》8月5日头版刊发《75家品牌书店参加上海咖啡文化周》，《中国新闻出版广电报》8月9日刊发《上海75家品牌书店参加2022上海咖啡文化周 闻咖香书香 品沪上文化》等；东方卫视播出《上海"五五购物节"：咖啡文化周开幕 百余活动显海派气韵》、上视新闻综合频道播出《上海：75家品牌书店参与咖啡文化周》，上观新闻、澎湃新闻、话匣子APP、东方网、青春上海News—24小时青年报等新媒体也做了报道。同时，新华网客户端发布《上海75家品牌书店秀出一道可阅读、有味道的咖啡风情》，人民日报客户端上海频道发布《快来书店"恰"咖啡 上海75家品牌书店秀咖啡风情》《迎接2022上海咖啡文化周，咖啡主题新书单发布》等。

媒体报道节选

沪上75家品牌书店看过来！
咖啡成阅读"流量"新入口

◎ 许旸

漫步上海街头，走进书店来杯特调咖啡，书香+咖啡香，交织出这座城市特殊的文化温度与海派业态魅力。2022上海咖啡文化周今天开幕，在市书刊发行行业协会的组织下，沪上75家品牌书店将举办近140场活动，同步推出咖啡主题新书单、展陈、销售，挖掘咖啡的文化内涵，为打造"咖啡城市名片"注入阅读的力量。

如今，一杯杯咖啡成阅读"流量"新入口。今年参与书店包括上海外文书店、艺术书坊、光的空间、上海香港三联书店、大夏书店等独立门店，也有上海新华传媒旗下书店、世纪朵云旗下书店、大隐书局、钟书阁、大众书局、中版书房、读者书店、建投书局等上海本地和全国连锁书店，上海上生新所　茑屋书店等合资书店也参与其中。

据悉，2022上海咖啡文化周期间将发布《上海市出版物发行行业咖啡服务标准》，这是中国出版物发行行业首个咖啡专业服务标准。

咖啡主题图书升温，上海市场销量稳中有升

《2022上海咖啡文化周·咖香书香在上海20+新书单》昨天发布，并由参展书店结合各自特色进行展销。据统计，各家书店可提供的咖啡主题图书约300种，为品味咖啡文化提供"阅读清单"。这份书单囊括了从咖啡豆基本识别到萃取、冲泡、拉花、品鉴等一系列咖啡知识。

上海市书刊发行行业协会秘书长、《好书店·好咖啡》作者汪耀华介绍，近年来咖啡主题图书在上海图书市场销售中处于稳中有升的态势，不少书店将其列入单独类别加以推荐。随着新开书店增设咖啡经营项目，咖啡主题图书销售也获得同步增长。

其中，上海社会科学院历史研究所特约研究员陈祖恩以《上海咖啡：历史与风景》介绍上海引入咖啡初期30年的历史与风景，让读者了解"因为咖啡，所以上海"的内涵。上海闵行区图书馆副研究馆员孙莺选编的《近代上海咖啡地图》选录1895年至1949年间与咖啡馆有关的资料，配有近代上海咖啡地图。《好书店·好咖啡》收录上海45家实体书店咖啡文化的故事——云端之上的朵云书院·旗舰店，其咖啡饮品小食均由世纪朵云自有餐饮品牌C Cafe自主运营；被称为"偶遇作家概率最高的书店"的作家书店开发与书同名的创意咖啡……

除了实体书店，上海悦悦图书有限公司旗下悦悦图书专营店也将在天猫平台进行"啡尝上海·不负热爱——咖香书香在上海"主题推广。咖啡是阅读的理想伙伴，花点时间泡在书店，你与一个有趣的灵魂，或许就只有一杯咖啡的距离。

咖啡周边成书店标配，彰显海派文化新型业态

"书店+"成为书店融合发展的一种趋势，咖啡经营则是重要组成部分，不仅对书店经营收入有所贡献，增强了书店运营能力和抗风险能力，还让阅读更立体、书店更温暖。业内指出，书店咖啡文化正成为彰显海派文化的一种新型业态，见证了上海高品质城市生活的升级，也映射了人间烟火中的获得感。

1930年2月2日，位于老西门中华路1420号的西门书店附设了咖啡座，这是上海最早经营咖啡的书店，当事人后来回忆说，"这个咖啡座只是在开书店的同时增加一些事做做，让同道有个座谈聊天的地方"。这家有"左联"背景的进步书店存在时间虽然不长，但书店与咖啡的渊源早已在上海埋下。

咖啡馆是上海涌动的生机，也是这座城市美妙的风景。上海是全球咖啡馆最多的城市，数量已达近8000家。这个8月，一系列活动将在书店亮相。"旧时模样——上海咖啡广告图片展"在上海香港三联书店、艺术书坊、1925书局同时开展，让人拾回与咖啡有关的旧时记忆；1925书局推出"咖香书香在上海"品鉴会；福州路上艺术书坊举办"阅读黄浦，啡尝滋味——艺术咖啡品鉴体验沙

龙"；上海香港三联书店在长三角咖啡行业协会支持下推出"时光里的咖啡味——古董咖啡器物展"并举办讲座。

世纪朵云旗下上海五家书店组成"朵云·咖啡+"阵容，展开"咖啡+达人""咖啡+生活""咖啡+匠人""咖啡+行走"四个系列主题活动，将设立咖啡生活场景专区，吸引读者现场打卡；建投书局·传记咖啡馆邀读者参与"世界名家奇遇记"，选取巴尔扎克、贝多芬等与咖啡有深厚关系的世界文化名家故事，推出七种风味特调咖啡及咖啡课程；新华文创·光的空间将举办陈丹燕《上海的金枝玉叶》分享会，并发布根据该书研发的特调咖啡饮品；上海外文书店举办"漫"享夏日"漫"品咖啡活动；上海市书刊发行行业协会、上海人民出版社首发《全球书店步行（第一辑）》；读者书店举办"品·咖啡"直播，由精品咖啡资深品鉴师讲解知识……逾70家书店还将推出多种形式组合优惠，让市民读者"畅饮"咖啡。

（《文汇报》2022年8月4日）

2022上海咖啡文化周开幕在即，75家品牌书店加入
阅读的力量，助力打造"咖啡城市"

◎ 施晨露

2022上海咖啡文化周开幕在即，上海75家品牌书店成为咖啡与文化连接的靓丽风景线。在上海市书刊发行行业协会的组织下，75家品牌书店共将举办近140场活动，同步推出咖啡主题新书单、展陈、销售，挖掘咖啡文化内涵，为打造"咖啡城市名片"加入阅读的力量。

1930年2月2日，位于老西门中华路1420号的西门书店设了咖啡座，这是上海最早经营咖啡的书店。这家进步书店存在时间虽不长，但书店与咖啡的渊源早已在上海埋下。今年参与咖啡文化周的书店有上海外文书店、艺术书坊、光的空间、上海香港三联书店、大夏书店等独立门店，也有上海新华传媒连锁有限公司旗下书店、上海世纪朵云文化发展有限公司旗下书店、大隐书局、钟书阁、百新书局等上海本地和全国连锁书店，上海上生新所 茑屋书店等合资书店也参与其中。既有近年新开的新型书店，也有转型成功的老牌书店。

"书店+"成为书店融合发展的一种趋势，咖啡经营不仅对书店经营收入有所贡献，亦增强了书店的运营能力和抗风险能力，更重要的是，让阅读更立体、书店更温暖。咖啡文化周举办前夕，上海市书刊发行行业协会、上海联合书业会展有限公司发布了《2022上海咖啡文化周·咖香书香在上海20+新书单》，以该书单为基础，参展书店推出"咖香书香在上海"咖啡文化读物展陈，结合书店特色进行展销。据统计，各家书店可提供的咖啡主题图书约300种，为品味咖啡文化提供阅读清单。

　　《咖香书香在上海20+新书单》由参展书店从经销的300种中外咖啡主题图书中精选而成。最值得关注的是几本与上海相关的咖啡书籍：上海社会科学院历史研究所特约研究员陈祖恩撰写的《上海咖啡：历史与风景》，介绍上海引入咖啡初期30年的历史与风景，让读者了解"因为咖啡，所以上海"的内涵；上海闵行区图书馆副研究馆员孙莺选编的《近代上海咖啡地图》，选录1895年至1949年间与咖啡馆有关的资料，配有详细的近代上海咖啡馆地图；《好书店·好咖啡》收录了上海45家实体书店咖啡文化的故事……上海市书刊发行行业协会秘书长、《好书店·好咖啡》作者汪耀华介绍，咖啡主题图书在上海图书市场销售中近年来处于稳中有升的态势，不少书店将其列入单独类别加以推荐，随着新开书店增设咖啡经营项目，咖啡主题图书销售也同步增长。

　　上海是全球咖啡馆最多的城市，数量已达近8000家。书店里的咖啡馆有其独特味道。"旧时模样——上海咖啡广告图片展"

今天在上海香港三联书店、艺术书坊、1925书局同时开展，3家书店还将举办6场相关文化活动；世纪朵云旗下上海5家书店组成"朵云·咖啡+"阵容，展开"咖啡+达人、咖啡+生活、咖啡+匠人、咖啡+行走"四个系列主题活动，5家书店都将设立咖啡生活场景专区；建投书局·传记咖啡馆邀请读者参与"世界名家奇遇记"活动，选取巴尔扎克、贝多芬等7位与咖啡有深厚关系的世界文化名家的故事，推出7种不同风味的特调咖啡及咖啡课程；新华文创·光的空间将举办陈丹燕《上海的金枝玉叶》分享会，并发布根据《上海的金枝玉叶》研发的特调咖啡饮品；上海外文书店举办"漫"享夏日"漫"品咖啡活动；上海市书刊发行行业协会、上海人民出版社举办《全球书店步行（第一辑）》首发活动；读者书店举办"品·咖啡"直播活动，由精品咖啡品牌AOKKA（澳咖）资深品鉴师讲解品鉴咖啡的知识与方法。此外逾70家书店还将推出多种形式的组合优惠活动。

（《解放日报》2022年8月4日）

来书店 恰咖啡！
七十五家品牌书店邀请你多停留一会儿

◎ 徐翌晟

也许，你与一个有趣的灵魂就只有一杯咖啡的距离。2022上海咖啡文化周今天开幕，上海市书刊发行行业协会推出"啡尝上海·不负热爱——咖香书香在上海"系列活动，75家品牌书店以近140场活动参与其中，成为咖啡和文化相连的重要场所，同步推出咖啡主题新书单、展陈、销售。《上海市出版物发行行业咖啡服务标准》也将发布，这是中国出版物发行行业首个咖啡专业服务标准。

时下，咖啡经营是书店的一项重要内容，不仅在收入上有所贡献，还增强了书店的运营能力和抗风险能力，使阅读更加立体、书店更加温暖。咖啡文化周期间，全市75家品牌书店同步推出"咖香书香在上海"咖啡文化读物展陈。参展书店中既有上海外文书店、艺术书坊、光的空间、上海香港三联书店、大夏书店等实体书店，也有悦悦图书专营店等网上书店。

今天，"旧时模样——上海咖啡广告图片展"在上海香港三联书店、艺术书坊、1925书局同时开展，三家书店将举办6场与之相关的文化活动。1925书局举办"咖香书香在上海"品鉴会，邀请上海社会科学院历史研究所特约研究员陈祖恩、闵行区图书馆副研究馆员孙莺举办两场咖啡文化讲座；咖啡师石杨将举办手冲咖啡教学专场。艺术书坊8月6日举办"阅读黄浦，啡尝滋味——艺术咖啡品鉴体验沙龙"活动。8月4日至18日，上海香港三联书店在长三角咖啡行业协会的支持下推出"时光里的咖啡味——古董咖啡器物展"，并举办相关讲座。世纪朵云旗下上海五家书店举办"朵云·咖啡+"活动，丰富的文化活动解码咖啡融合的文化生态。

据悉，目前全市在售咖啡主题图书约300种。由上海市书刊发行行业协会、上海联合书业会展有限公司发布的《咖香书香在上海20+新书单》，也在参展书店赠送读者，从小白的"快速入门"学习手册到咖啡控的咖啡圣经，从咖啡豆基本识别到萃取、冲泡、拉花、品鉴、杯测等，从咖啡理论知识到实操手动，这份新书单都有涉猎。

咖啡文化周期间，多家书店还推出购咖啡优惠活动，如上海新华传媒连锁有限公司参展书店推出"购买'咖柚'咖啡享买一送一"；大隐书局参展书店周一至周五两人同行一人免单（限冰饮），周六周日买两杯赠一杯等。

（《新民晚报》2022年8月4日）

从一杯咖啡中品味"上海的金枝玉叶"

◎郦　亮

《上海的金枝玉叶》是陈丹燕在25年前写就的代表作，而如今这部纪实类经典文学变成"文学咖啡"，引起了读者的浓厚兴趣。作为上海咖啡文化周的一个亮点，陈丹燕的《上海的金枝玉叶》版咖啡最近发布，同时与读者见面的还有陈丹燕参与拍摄的短片《哨子》。

亮相新华文创·光的空间与明珠美术馆首发式的《哨子》，是陈丹燕的第一部短片。《哨子》是跨类型电影《四季咖啡馆》中的一部。《四季咖啡馆》由7部风格多样的电影短片组成，来自上海的7位文化人携手完成了以上海城市咖啡馆作为表达空间的一次集体创作。

"一个城市的咖啡馆，就像这个城市的起居室一样……它总是反映了这座城市的精神面貌与内心的需求。"在短片中陈丹燕如是说。"哨子"这个名字原本是陈丹燕为独自去意大利旅行所要完成的一本新书准备的，但世界瞬息万变、行程不断改动，她仍然坐在上海街角的咖啡馆里。那就索性拍一部名为"哨子"的短片，陈丹燕选择的场景是北京西路和铜仁路街角的Dehome Coffee。望得到街景的落地玻璃窗旁的座位，作家在这里思索、写作，与朋友联络、交流。"写作是寂寞的工作，就像一个人在造一栋房子，所以我总在咖啡馆工作，这里轻松一点。"短片里，作家的独白娓娓道来，"咖啡很香，它鼓励灵感。"

为《上海的金枝玉叶》研制一款咖啡，也是因为这本书与咖啡渊源深厚。陈丹燕告诉记者，这么做是为了致敬书中的女主人公郭婉莹(黛西)。这"文学咖啡"，一款水洗、一款日晒，对应着这个故事的两种指向。水洗豆的口感柔和，随着温度降低，能品出更明朗的红糖香气。日晒豆的口味更复杂，在舌尖漫开的酸涩里，有着人生的微妙。

陈丹燕说，在烘焙这两款咖啡豆的时候，她的脑海里一直出现的是"激励"和"安慰"两个词语。而这一切都与文学阅读息息相关。在水洗豆的包装上，陈丹燕写道："黛西的故事鼓舞和安慰了我，就像浑身发冷时，这一杯热的、甜的，散发着红糖暖意的咖啡。""黛西的故事教导和激励了我，她能挺身于暗夜，安静独行，我也能。"这是日晒豆的包装上印着的感言。

记者了解到，把文学作品做成"文学咖啡"，这已渐成时尚。上海咖啡文化周期间，除了陈丹燕的"文学咖啡"，新华文创·光的空间还同步举办"新华文创·光的空间咖啡主题书展"，精选中外咖啡主题图书300余册、50余种。并且新华文创·光的空间还与明珠美术馆联动出品特制艺术咖啡，依据展览主题定制咖啡新品，比如"维克多·雨果：天才的内心"和"想象的相遇：《神曲》对话《山海经》"等展览，都曾推出依托艺术展览内容精心设计的咖啡杯、创意相关特调饮品。 （《青年报》2022年8月9日）

上海咖啡文化周开幕，
在75家书店品味咖啡香气

◎ 杨宝宝

浓郁醇厚的咖啡在上海人的生活中占据重要一席。那么，咖啡香与书香结合，又将碰撞出怎样的火花？

8月4日，2022上海咖啡文化周开幕。上海市书刊发行行业协会举全行业之力推出"啡尝上海·不负热爱——咖香书香在上海"系列活动，75家品牌书店成为咖啡和文化相连的重要场所，文化周期间，将带来近140场活动。同步推出的咖啡主题新书单和展览，则通过挖掘咖啡的文化内涵，促进咖啡文化走进城市的街头小巷，营造浓厚咖啡文化氛围，提升读者的参与度与获得感，为打造"咖啡城市名片"提供一份行业的力量。

上海最早的书店经营咖啡是由周全平、谢澹如创办的西门书店（老西门中华路1420号）1930年2月2日附设了咖啡座，当事人后来回忆，"这个咖啡座只是在开书店的同时增加一些事做做，让同道有个座谈聊天的地方"。这家有"左联"背景的进步书店存在的时间虽然不长，但也说明书店与咖啡的渊源颇深，两者于阅读空间中完美融合。

经历了近100年时间，咖啡成了上海很多实体书店的"标配"，沏一壶咖啡打开一本书，度过一段悠闲时光，成为逛实体书店的新选择。

本次参展的75家书店中，有上海外文书店、艺术书坊、光的空间、上海香港三联书店、大夏书店、交大书院、立信书局、上戏艺术书店、博林书店等独立书店；也有上海新华传媒连锁有限公司旗下书店、上海世纪朵云文化发展有限公司旗下书店、大隐书局、钟书阁、百新书局、二酉书店等上海本地连锁书店；西西弗书店、大众书局、中版书房、读者书店、建投书局、现代书店等全国连锁书店；还有合资企业，如上海上生新所 茑屋书店，大多为近年新开的新型书店；也有转型成功的老牌书店……书店+成为书店融合发展的一种趋势，而咖啡经营则是一项重要内容，不仅在书店收入上有所贡献，还增强了书店的运营能力和抗风险能力，使阅读更加立体、书店更加温暖。

参展书店中还包括网上书店，上海悦悦图书有限公司旗下悦悦图书专营店在天猫平台进行主题为"啡尝上海·不负热爱——咖香书香在上海"的营销活动，主题海报将在天猫页面、店铺首页进行重点展示，预计累计曝光量约500万+。

上海市书刊发行行业协会、上海联合书业会展有限公司发布《2022 上海咖啡文化周·咖香书香在上海20+新书单》（彩色折页），在参展书店免费赠送读者。据悉，"咖香书香在上海20+新书单"是由参展书店从经销的300多种中外咖啡主题图书中精选而来。

据悉，目前全市在售咖啡主题图书约300种。2022上海咖啡文化周期间，全市75家品牌书店同步推出"咖香书香在上海"咖啡文化读物展陈，以《20+新书单》为基础，结合书店特色拓展进行展销，营造浓厚咖啡文化氛围，为打造"咖啡城市名片"提供"阅读清单"。

其中，全市在售咖啡主题的外国原版书、中国港台版书100余种，包括上海香港三联书店在售的60余种台版书，如《京都喫茶记事》《咖啡瘾史》《关于咖啡的一切·800年风尚与艺文》等；上海外文书店的外国原版书 *Scottish Independent Coffee Guide: No. 2*（《苏格兰咖啡指南》）、*Coffee Art*（《咖啡艺术》）等；茑屋书店在售的外国原版书，如《コーヒーの絵本》（《关于咖啡的绘本》）、*Coffee Love: Cafe Design & Stories*（《咖啡之恋：咖啡设计与故事》）等；世纪朵云旗下书店在售的英文原版书 *Sant Ambroeus: The Coffee Bar Cookbook*，*Sant Ambroeus*（《米兰传奇咖啡馆食谱》）、*London Coffee*（《伦敦咖啡》）等。

咖啡主题图书在上海图书市场销售中近年来处于稳中有升的态势，被书店列入单独的类别加以推荐，随着新开书店增设咖啡经营项目，也使咖啡主题图书的销售获得了同步的增长。

《咖香书香在上海20+新书单》中，翻译作品占据14席，以作者国籍频次而论，依次为：日本、美国、英国、法国、澳大利亚、韩国，可见作为咖啡消费大国，日本和美国的咖啡图书在中国的市场很大。

咖啡百科知识和咖啡技巧学习书各占6席，从"小白"的"快速入门"学习手册，咖啡控的咖啡圣经，从咖啡豆基本识别到萃取、冲泡、拉花、品鉴、杯测等，从咖啡理论知识到实操手动，这份新书单都有涉猎。譬如[日]石胁智广的《你不懂咖啡》，是一本真正有料、有趣还有范儿的咖啡知识百科；[英]詹姆斯·霍夫曼的《世界咖啡地图》是畅销全球的经典咖啡指南、咖啡迷的圣经，；[美]斯科特·拉奥的《咖啡烘焙:进阶实践手册》是咖啡烘焙行业经典教科书，作者是行业内公认的咖啡烘焙教父；[日]富田佐奈荣的《超简单！在家冲煮好咖啡》和[韩]金度希的《网红咖啡饮品自己做》则是实操性极强的精品咖啡入门读物，后者侧重解锁咖啡馆人气单品。台湾鸣草咖啡创办人王人杰撰写的《寻味咖啡》从"品咖啡""选咖啡""煮咖啡"三方面细致讲解了关于品味咖啡的一切，分享自己对咖啡的独特心得感悟，读来如与老友聊天。

本地作者讲述上海咖啡历史的前尘旧事和今生今世的著作也在书单之中。上海社会科学院历史研究所特约研究员陈祖恩撰写的《上海咖啡：历史与风景》，介绍了上海引入咖啡初期三十年的历史与风景，让读者了解"因为咖啡，所以上海"，咖啡文化的基因从上海开埠后便开始沉淀在上海的历史中了。上海闵行区图书馆副研究馆员孙莺选编的《近代上海咖啡地图》，选录1895年至1949年间与咖啡馆有关的资料，讲述咖啡文化，配有详细的近代上海咖啡地图，成为咖啡资深人士的怀旧寻梦指南。《好书店·好咖啡》收录上海45家实体书店咖啡文化的故事。

与咖啡相关的丰富展览，则将为观众带来一场场咖啡文化的盛宴，也提供了现场品鉴咖啡、学习咖啡冲泡的机会。

8月4日，"旧时模样——上海咖啡广告图片展"在上海香港三联书店、艺术书坊、1925书局同时开展，让上海人拾回与咖啡有关的旧时记忆。同时，三家书店将举办6场与之相关的文化活动。8月7日及8月14日，1925书局举办"咖香书香在上海"品鉴会，邀请上海社会科学院历史研究所特约研究员陈祖恩、闵行区图书馆副研究馆员孙莺举办2场咖啡文化讲座；8月6日及8月13日，咖啡师石杨将举办2场手冲咖啡教学。艺术书坊8月6日举办"阅读黄浦，啡尝滋味——艺术咖啡品鉴体验沙龙"活动；8月4日至18日，上海香港三联书店在长三角咖啡行业协会的支持下推出"时光里的咖啡味——古董咖啡器物展"，并举办相关讲座。

世纪朵云旗下上海五家书店全部参展，举办"朵云·咖啡+"活动，活动分咖啡+达人、咖啡+生活、咖啡+匠人、咖啡+行走四个系列，8月4日至18日设立咖啡生活场景专区，吸引读者现场打卡，完成3家门店及以上门店打卡有奖励；朵云书院戏剧店将于8月5日、8月12日举办2场手冲咖啡体验课。

建投书局·传记咖啡馆举办"世界名家奇遇记"特别活动，选取巴尔扎克（法国）、海明威（美国）、J.K.罗琳（英国）、马尔克斯（哥伦比亚）、张爱玲（中国）、梵高（荷兰）、贝多芬（德国）等7位与咖啡有深厚关系的世界文化名家，讲述他们与咖啡的故事，推出与之相关的7种不同风味的特调咖啡以及咖啡课程。

新华文创·光的空间举办作家陈丹燕《上海的金枝玉叶》分享会（新华文创·光的空间&明珠美术馆），分享作家与咖啡的创作故事，发布根据《上海的金枝玉叶》研发的特调咖啡饮品；上海外文书店举办"漫"享夏日 "漫"品 咖啡活动；上海市书刊发行行业协会、上海人民出版社举办《全球书店步行（第一辑）》首发活动；读者书店举办"品·咖啡"直播活动（读者·云上会客厅），精品咖啡品牌AOKKA（澳咖）的资深品鉴师以直播的形式讲解品鉴咖啡的知识与方法。

令人期待的是，2022上海咖啡文化周期间，还将发布《上海市出版物发行行业咖啡服务标准》。据悉，这是中国出版物发行行业首个咖啡专业服务标准。丰富的文化活动将解码咖啡融合的文化生态。

超过70家书店也将推出各种优惠活动让利给读者。上海新华传媒连锁有限公司参展书店、钟书阁、大隐书局、西西弗书店都推出了咖啡促销活动；中版书房、悦悦图书专营店、建投书局推出不同程度的图书促销活动；上海外文书店、上海上生新所 茑屋书店、百新书局等书店则推出图书、咖啡联动优惠。

"啡尝上海·不负热爱"，在这个炎热的夏天，在上海奔赴一场书店与咖啡相遇的文化派对，你，准备好了吗？

（澎湃新闻2022年8月3日）

8月走入沪上书店，
百余场活动解码咖啡文化

◎ 包永婷

　　由上海市委宣传部等指导的2022上海咖啡文化周将于8月4日拉开序幕，上海市书刊发行行业协会携手75家品牌书店推出"啡尝上海·不负热爱——咖香书香在上海"系列近140场活动。同步推出的咖啡主题新书单、展陈、销售，通过挖掘咖啡的文化内涵，促进咖啡文化走进城市的街头小巷，提升读者的参与度与获得感。

　　上海最早的书店经营咖啡是由周全平、谢澹如创办的西门书店（老西门中华路1420号），1930年2月2日附设了咖啡座，当事人后来回忆："这个咖啡座只是在开书店的同时增加一些事做做，让同道有个座谈聊天的地方。"

　　据了解，此次75家参展书店中既有实体书店，也有网上书店。上海悦悦图书有限公司旗下悦悦图书专营店在天猫平台进行主题为"啡尝上海·不负热爱——咖香书香在上海"的营销活动，主题海报将在天猫页面、店铺首页进行重点展示。

　　参展书店中，有上海外文书店、艺术书坊、新华文创·光的空间、上海香港三联书店、大夏书店、交大书院、立信书局、上戏艺术书店、博林书店等独立书店，也有上海新华传媒连锁有限公司旗下书店、上海世纪朵云文化发展有限公司旗下书店、大隐书局、钟书阁、百新书局、二酉书店等上海本地连锁书店，西西弗书店、大众书局、中版书房、读者书店、建投书局、现代书店等全国连锁书店，还有合资企业，如上海上生新所 茑屋书店，大多为近年新开的新型书店，也有转型成功的老牌书店。"书店+"成为书店融合发展的一种趋势，而咖啡经营则是一项重要内容，不仅在书店收入上有所贡献，还增强了书店的运营能力和抗风险能力，使阅读更加立体、书店更加温暖。

2022上海咖啡文化周期间，全市75家品牌书店同步推出"咖香书香在上海"咖啡文化读物展陈，以"20+新书单"为基础，结合书店特色拓展进行展销。据悉，目前全市在售咖啡主题图书约300种。与此同时，参展书店推出活动主海报和书店自创个性海报，在店堂进行张贴、播放。

8月4日，"旧时模样——上海咖啡广告图片展"在上海香港三联书店、艺术书坊、1925书局同时开展，让上海人拾回一点与咖啡有关的旧时记忆。同时，三家书店将举办6场与之相关的文化活动。1925书局举办"咖香书香在上海"品鉴会，邀请上海社会科学院历史研究所特约研究员陈祖恩、闵行区图书馆副研究馆员孙莺举办咖啡文化讲座；咖啡师石杨手冲咖啡教学2场，从咖啡的历史文化到咖啡冲泡的实地教学。艺术书坊8月6日将举办"阅读黄浦，啡尝滋味——艺术咖啡品鉴体验沙龙"活动。8月4日至18日，上海香港三联书店在长三角咖啡行业协会的支持下推出"时光里的咖啡味——古董咖啡器物展",并举办相关讲座。

世纪朵云旗下上海五家书店全部参展,举办"朵云·咖啡+"活动,活动分咖啡+达人、咖啡+生活、咖啡+匠人、咖啡+行走四个系列,8月4日至18日设立咖啡生活场景专区,吸引读者现场打卡,完成3家门店及以上门店打卡有奖励;朵云书院戏剧店举办2场手冲咖啡体验课等。

建投书局·传记咖啡馆则举办"世界名家奇遇记"特别活动,选取巴尔扎克(法国)、海明威(美国)、J.K.罗琳(英国)、马尔克斯(哥伦比亚)、张爱玲(中国)、梵高(荷兰)、贝多芬(德国)等7位与咖啡有深厚关系的世界文化名家,讲述他们与咖啡的故事,推出与之相关的7种不同风味的特调咖啡以及咖啡课程。

丰富的文化活动将解码咖啡融合的文化生态。新华文创·光的空间举办作家陈丹燕《上海的金枝玉叶》分享会,分享作家与咖啡的创作故事,发布根据《上海的金枝玉叶》研发的特调咖啡饮品;上海外文书店举办"漫"享夏日 "漫"品 咖啡活动;上海市书刊发行行业协会、上海人民出版社举办《全球书店步行(第一辑)》首发活动;读者书店举办"品·咖啡"直播活动(读者·云上会客厅),精品咖啡品牌AOKKA(澳咖)的资深品鉴师以直播的形式讲解品鉴咖啡的知识与方法。此外,《上海市出版物发行行业咖啡服务标准》发布,这是中国出版物发行行业首个咖啡专业服务标准。

超过70家书店推出各种优惠活动让利给读者，主要形式有：咖啡饮品优惠，如上海新华传媒连锁有限公司参展书店推出"购买'咖柚'咖啡享买一送一"；钟书阁5家门店推出自制咖啡饮品促销；大隐书局参展书店周一至周五两人同行一人免单（限冰饮），周六周日买两杯赠一杯；西西弗书店推出独享套餐、亲密套餐、好友套餐、欢聚套餐等。

　　图书优惠，如中版书房参展书店全场图书8折优惠；悦悦图书专营店活动专区全场包邮，消费者购买满100元赠50元优惠券，享受下单立减优惠；建投书局向读者推出9元开通最高级别——黑卡会员福利，即刻享全店图书、咖啡、文创8折优惠等。

　　图书、咖啡联动优惠，如在上海外文书店购买任意一本图书即可获赠价值32元的雪顶咖啡一杯；在上海上生新所 茑屋书店一次性购买两册图书即赠咖啡券一张；在百新书局买两杯咖啡享图书85折等。组合优惠活动让市民读者在品尝咖啡的同时，得到实惠。

　　上海书展微信公众号将对"啡尝上海·不负热爱——咖香书香在上海"系列活动全程呈现，并推出"咖香书香在上海"系列微信推文。

　　2022上海咖啡文化周举办前夕，上海市书刊发行行业协会、上海联合书业会展有限公司发布《2022 上海咖啡文化周·咖香书香在上海20+新书单》，全市75家品牌书店以《咖香书香在上海20+新书单》为基础，推出"咖香书香在上海"咖啡文化读物展陈，结合书店特色拓展进行展销，为打造"咖啡城市名片"提供"阅读清单"。

据悉，《咖香书香在上海20+新书单》是由参展书店从经销的300多种中外咖啡主题图书中精选而成，其中咖啡百科知识和咖啡技巧学习书各占6席，从小白的"快速入门"学习手册，到咖啡控的咖啡圣经，从咖啡豆基本识别到萃取、冲泡、拉花、品鉴、杯测等，从咖啡理论知识到实操手动，这份新书单都有涉猎。譬如石胁智广的《你不懂咖啡》（全新修订版），是一本真正有料、有趣还有范儿的咖啡知识百科；詹姆斯·霍夫曼的《世界咖啡地图》是畅销全球的经典咖啡指南，《咖香书香在上海20+新书单》中推荐的是2020年出版的全新修订的第二版，增加了包括中国在内的六个咖啡新兴产地；斯科特·拉奥的《咖啡烘焙:进阶实践手册》是咖啡烘焙行业经典教科书，作者是行业内公认的咖啡烘焙宗师。

新书单上除了咖啡百科和实操类图书，有几本书也值得关注。上海社会科学院历史研究所特约研究员陈祖恩撰写的《上海咖啡：历史与风景》，介绍了上海引入咖啡初期三十年的历史与风景。上海闵行区图书馆副研究馆员孙莺选编的《近代上海咖啡地图》，选录1895年至1949年间与咖啡馆有关的资料，讲述咖啡文化，配有详细的近代上海咖啡地图。《好书店·好咖啡》收录上海45家实体书店咖啡文化的故事，有云端之上的朵云书院·旗舰店，也有"偶遇作家概率最高的书店"的作家书店。这三本书是本地作者编著的上海咖啡历史的前尘旧事和今生今世。

（东方网2022年8月3日）

上海75家品牌书店
秀出一道可阅读、有味道的咖啡风情

◎ 孙丽萍

2022上海咖啡文化周8月4日拉开序幕，上海市书刊发行行业协会举全行业之力推出"啡尝上海·不负热爱——咖香书香在上海"系列活动，75家品牌书店以近140场活动参与其中，成为咖啡和文化相连的重要场所。同步推出的咖啡主题新书单、展陈、销售，通过挖掘咖啡的文化内涵，促进咖啡文化走进城市的街头小巷，营造浓厚咖啡文化氛围。

书店与咖啡的渊源颇深，上海最早的书店经营咖啡是由周全平、谢澹如创办的西门书店（老西门中华路1420号），1930年2月2日书店附设了咖啡座，阅读与咖啡于空间上完美结合。"书店+"成为书店融合发展的一种趋势，而咖啡经营则是一项重要内容，不仅在书店收入上有所贡献，还增强了书店的运营能力和抗风险能力，使阅读更加立体、书店更加温暖。

8月4日，"旧时模样——上海咖啡广告图片展"在上海香港三联书店、艺术书坊、1925书局同时开展，让上海人拾回一点与咖啡有关的旧时记忆。同时，三家书店将举办6场与之相关的文化活动。世纪朵云旗下上海五家书店全部参展，举办"朵云·咖啡+"活动，活动分咖啡+达人、咖啡+生活、咖啡+匠人、咖啡+行走四个系列，8月4日至18日设立咖啡生活场景专区，吸引读者现场打卡，完成3家门店及以上门店打卡有奖励；朵云书院戏剧店举办2场手冲咖啡体验课等。

建投书局·传记咖啡馆举办"世界名家奇遇记"特别活动，选取巴尔扎克、海明威、J.K.罗琳、马尔克斯、张爱玲、梵高、贝多芬等7位与咖啡有深厚关系的世界文化名家，讲述他们与咖啡的故事，推出与之相关的7种不同风味的特调咖啡，以及咖啡课程。

上海市书刊发行行业协会、上海联合书业会展有限公司发布《2022上海咖啡文化周·咖香书香在上海20+新书单》，并印制彩色折页书单，在75家参展书店免费赠送读者。书单中，咖啡百科知识和咖啡技巧学习书各占6席，从咖啡理论知识到实操手动都有涉猎。

新书单上除了咖啡百科和实操类图书，有几部作品颇受关注。上海社会科学院历史研究所特约研究员陈祖恩撰写的《上海咖啡：历史与风景》，介绍了上海引入咖啡初期三十年的历史与风景。上海闵行区图书馆副研究馆员孙莺选编的《近代上海咖啡地图》，选录1895年至1949年间与咖啡馆有关的资料，讲述咖啡文化，配有详细的近代上海咖啡地图，成为咖啡资深人士的怀旧寻梦指南。《好书店·好咖啡》收录上海45家实体书店咖啡文化的故事。这三本书都是本地作者编著的上海咖啡历史的前尘旧事和今生今世。

（新华网2022年8月7日）

上海出版物发行行业
咖啡服务标准率先发布

◎ 曹玲娟

8月15日，《上海市出版物发行行业咖啡服务标准》在沪审定通过，共计23款170条。这是我国出版物发行业首个咖啡专业服务标准。

上海市书刊发行行业协会在广泛调查和参照国家、上海指定的咖啡经营服务规范等标准的基础上，结合2019年实施的上海地方标准《咖啡厅（馆）等级划分与评定》等，经征询各方意见后制定了该服务标准。

《上海市出版物发行行业咖啡服务标准》由服务规范、等级划分与等级评定、咖啡调配师岗位技能等三个部分组成，界定了上海市出版物发行业所属企业经营咖啡的术语和定义、经营环境、设备设施、经营管理、卫生要求、服务人员条件、服务流程和服务礼仪规范、咖啡馆等级划分与等级评定、咖啡调配师岗位技能要求等内容，包括《咖啡厅等级评定分级申请条件》《咖啡厅等级评定评分表》《培训、考核及证书发放》等三个附件，具有较强的可操作性。

业内人士认为，该服务标准的发布和实施，对提升上海出版物发行行业咖啡业态的快速发展，推动品牌实体书店的融合发展等将起到积极作用。

（人民日报客户端上海频道2022年8月17日）

2022上海咖啡文化周
为读者呈上咖香书香"阅读清单"

◎ 颜维琦

咖啡是阅读最好的伙伴之一。2022上海咖啡文化周刚刚落下帷幕。咖啡文化周期间，上海市书刊发行行业协会、上海联合书业会展有限公司发布《2022 上海咖啡文化周·咖香书香在上海20+新书单》，并印制彩色折页书单，在75家参展书店免费赠送读者。

2022上海咖啡文化周期间，上海75家品牌书店以《咖香书香在上海20+新书单》为基础，推出"咖香书香在上海"咖啡文化读物展陈，结合书店特色拓展进行展销（全市可供咖啡主题图书约300种），营造浓厚咖啡文化氛围，为打造"咖啡城市名片"提供"阅读清单"。

据悉，《咖香书香在上海20+新书单》是由参展书店从经销的300多种中外咖啡主题图书中精选而成。其中，全市在售咖啡主题的外国原版书、中国港台版书100余种，包括上海香港三联书店在售的60余种中国台湾版图书，如《京都喫茶记事》《咖啡瘾史》《关于咖啡的一切·800年风尚与艺文》等；上海外文书店的外国原版书*Scottish Independent Coffee Guide: No. 2*（《苏格兰咖啡指南》）、*Coffee Art*（《咖啡艺术》）等；上海上生新所 茑屋书店在售的外国原版书，如《コーヒーの絵本》（《关于咖啡的绘本》）、*Coffee Love: Cafe Design & Stories*（《咖啡之恋：咖啡设计与故事》）等；世纪朵云旗下书店在售的英文原版书*Sant Ambroeus: The Coffee Bar Cookbook*，*Sant Ambroeus*（《米兰传奇咖啡馆食谱》）、*London Coffee*（《伦敦咖啡》）等。

咖啡主题图书在上海图书市场销售中近年来处于稳中有升的态势，被书店列入单独的类别加以推荐，随着新开书店增设咖啡经营项目，也使咖啡主题图书的销售获得了同步的增长。

《咖香书香在上海20+新书单》中，翻译作品占据14席，以作者国籍频次而论，依次为：日本、美国、英国、法国、澳大利亚、韩国，可见作为咖啡消费大国，日本和美国的咖啡图书在中国的市场很大。

咖啡百科知识和咖啡技巧学习书各占6席，从"小白"的"快速入门"学习手册，到咖啡控的咖啡圣经，从咖啡豆基本识别到萃取、冲泡、拉花、品鉴、杯测等，从咖啡理论知识到实操手动，这份新书单都有涉猎。譬如[日]石胁智广的《你不懂咖啡》(全新修订版)，是一本真正有料、有趣还有范儿的咖啡知识百科；[英]詹姆斯·霍夫曼的《世界咖啡地图》是畅销全球的经典咖啡指南、咖啡迷的圣经，《咖香书香在上海20+新书单》中推荐的是2020年出版的全新修订的第二版，增加了包括中国在内的六个咖啡新兴产地；[美]斯科特·拉奥的《咖啡烘焙：进阶实践手册》是咖啡烘焙行业经典教科书，作者是行业内公认的咖啡烘焙教父；[日]富田佐奈荣的《超简单！在家冲煮好咖啡》和[韩]金度希的《网红咖啡饮品自己做》则是实操性极强的精品咖啡入门读物，后者侧重解锁咖啡馆人气单品。中国台湾鸣草咖啡创办人王人杰撰写的《寻味咖啡》从"品咖啡""选咖啡""煮咖啡"三方面细致讲解了品味咖啡的感悟，读来如与老友聊天。

新书单上除了咖啡百科和实操类图书，有几本书也值得关注。上海社会科学院历史研究所特约研究员陈祖恩撰写的《上海咖啡：历史与风景》，介绍了上海引入咖啡初期三十年的历史与风景，让读者了解"因为咖啡，所以上海"，咖啡文化的基因从上海开埠后便开始沉淀在上海的历史中了。上海闵行区图书馆副研究馆员孙莺选编的《近代上海咖啡地图》，选录1895年至1949年间与咖啡馆有关的资料，讲述咖啡文化，配有详细的近代上海咖啡地图，成为咖啡资深人士的怀旧寻梦指南。《好书店·好咖啡》收录上海45家实体书店咖啡文化的故事，有云端之上的朵云书院·旗舰店，其咖啡饮品小食均由世纪朵云自有餐饮品牌C Café自主运营；也有"偶遇作家概率最高的书店"的作家书店，2018年开发了与书同名的创意咖啡——"令人着迷的岛屿"，作家陈丹燕品尝后顿感惊奇……该书后记阐述了上海滩书店咖啡的前世今生。这三本书是本地作者编著的上海咖啡历史的前尘旧事和今生今世。

新书单上还有被各类榜单反复推荐的书，如[美]马克·彭德格拉斯特的《左手咖啡,右手世界:一部咖啡的商业史》，一本书揭示了几乎所有关于咖啡的故事；[日]加藤匡毅的《世界各地的咖啡馆空间设计》讲述了咖啡馆设计以环境、人与时间这三个重要的设计元素为框架，受到场地和周边环境的影响，又是如何影响周边环境的；刘博的《逆光之城 纽约·咖啡》是作者实地考察全美 300+ 精品咖啡品牌后所凝集成"世界咖啡店城市灵魂系列"的首发本；还有一本小说，[美]卡森·麦卡勒斯的《伤心咖啡馆之歌》，讲述美国南方一个蛮荒小镇上一段恋情，探索爱与被爱的不对等关系。

（光明日报客户端 2022年8月19日）

上海调研近百家实体书店咖啡经营状况，咖啡正成为阅读"流量"新入口

◎金 鑫

上海市书刊发行行业协会近日发布《2021年上海主要实体书店咖啡经营项目调研报告》。报告显示，咖啡经营已成为上海新开书店的标配、实体书店引流的主要手段。

由上海市书刊发行行业协会进行的这项调研，旨在调查当下上海实体书店的咖啡经营现状、发展走势，描述上海实体书店咖啡经营概貌，探索咖啡作为书店复合型经营方式基础业态的潜在价值。调研问卷发放至全市100多家主要实体书店，最终确定97家书店成为调研对象。这些书店中，咖啡经营场地总面积约2.2万平方米，平均230平方米；超过100平方米的有76家，占总数的78%，平均面积相当于一家中小型咖啡馆。

调研显示，咖啡经营已成为新开书店的主营业务之一。如钟书阁第一家店泰晤士店2013年开业后，自营咖啡品牌"金字塔咖啡"成为每家钟书阁的标配，2021年该品牌改为"书痴咖啡"；创立于2016年的大隐书局6家门店经营"大隐书局"品牌咖啡，近期开张的2家门店引进英国老牌COSTA咖啡；新华文创·光的空间2017年

12月开业后，培育了自己的咖啡品牌Café。而数据显示，在近两年上海新开书店中，有咖啡经营的书店占84%，书店+咖啡成为新开书店的常态。

此外，全国连锁书店进入上海，也多以书店+咖啡+体验+生活方式+第三空间等多种业态综合经营，推出相对较成熟的自营咖啡品牌。如西西弗书店的"矢量咖啡"、大众书局的"纸品咖啡"、言几又书店的"言几又咖啡"、建投书局的"传记咖啡"、衡山·和集的"The Mix-Place咖啡"等。而不少书店的咖啡品牌，也镌刻着读书人、爱书人的"天然基因"。中版书房自有咖啡品牌是"ISBN CAFE"，名字里就蕴含着出版人的巧心思——ISBN即书号，是出版物的"身份证"。

上海市书刊发行行业协会副会长汪耀华分析，咖啡经营使书店变得更有温度，延长了读者在书店的停留时间，增加了人与书相遇、人与人相遇的机会；也使得书店的存在价值变得更加多元，比如图书馆的氛围、咖啡馆的格调，等等。他同时表示，尽管书店咖啡经营空间在增加，但图书销售和服务仍是主流，"书店经营是一种综合业态，书是核心内容，这是书店吸引文化消费的灵魂所在"。

（《中国新闻出版广电报》2021年4月9日）

咖啡经营已成新开书店标配！
上海发布主要实体书店咖啡经营调研报告

◎ 唐一泓

近年来，咖啡经营正在成为本地新开书店的标配，乃至全国连锁书店引流的主要手段。上海咖啡文化周开幕前夕，上海市书刊发行行业协会发布了《2021年上海主要实体书店咖啡经营项目调研报告》。

近一百年前，上海就已经有了经营咖啡的书店

上海的咖啡文化由来已久，1843年上海开埠后，西方生活方式迅速流入上海。上海最早出现的经营咖啡的书店，是1929年10月由周全平、谢澹如在本市老西门中华路1420号的西门书店，书店由两层组成，底层是书店。1930年2月2日，书店在2楼附设了咖啡座，这个咖啡座的"火车座"（现在的"上岛咖啡"还有这种设施）是从四川北路一家文艺茶座中借来的，墙面上悬挂着十多幅俄罗斯文学家肖像真迹。

1998年12月30日上海书城开业，在临近福州路湖北路的一层曾引进台湾马可孛罗面包公司开设兼有面包、简餐、咖啡的空间，多年后马可孛罗撤退，星巴克登场二楼，书城的多个层面摆放着自动

咖啡机。

传统书店占比不高，新型书店更喜欢多元融合

上海市书刊发行行业协会于2017年9月至2021年1月对上海主要实体书店咖啡经营连续跟踪调研，2021年1月的调研问卷发放全市一百多家主要实体书店，收回问卷98份，最终确定97家书店作为调研对象。调研定义的实体书店咖啡经营要素包括：有固定的经营场地，有休闲座位，有超过2种以上的咖啡品种，配备专业咖啡师等。

受访的97家书店中，上海老牌实体书店经营咖啡的门店不多，如上海新华书店有4家门店经营咖啡。近十年开业的本地实体书店均十分重视咖啡经营，如钟书阁第一家店泰晤士店2013年开业后，自营咖啡品牌"金字塔咖啡"成为每家钟书阁的标配，2021年该品牌改为"书痴咖啡"；创立于2016年的大隐书局6家店经营"大隐书局"品牌咖啡，近期开张的2家店则引进英国老牌COSTA咖啡；新华文创·光的空间2017年12月开业后，培育了自己的咖啡品牌CAFé；2017年开业的百新书局缤谷店自营品牌是"写茶WRITEA"；2019年开业的中版书房自有咖啡品牌是"ISBN CAFE"……咖啡经营已成为新开书店的主营业务之一。

近十年来，多家全国连锁书店进入上海，以书店+咖啡+体验+生活方式+第三空间等多种业态综合经营，读者定位更加年轻化，自营咖啡品牌相对较为成熟，已经成为书店多元经营必不可少的重要一环。如西西弗书店的"矢量咖啡"、大众书局的"纸品咖啡"、言几又书店的"言几又咖啡"、建投书局的"传记咖啡"、

衡山·和集的"The Mix-Place咖啡"等。

书是核心内容，图书销售和服务仍是主流

受访的97家书店中，咖啡经营场地总面积约2.2万平方米，平均为230平方米。超过100平方米有76家，占总数的78%。在面积平均值上相当于一家中小型咖啡馆。

调查显示，随着书店咖啡经营空间增加，但图书销售和服务仍是主流，从销售数据来看，图书销售占比整体较高。以西西弗书店为例，图书陈列场地占比80%，咖啡馆占比15%，文创产品占比5%。西西弗书店接受调研时说，西西弗开了很多连锁门店，这个比例是恒定不变的。书店经营是一种综合业态，但书是核心内容，这是书店吸引文化消费的灵魂所在。

当下，咖啡依然成为上海人生活的一部分，书店+咖啡的结合可以让书店的书卷气中有一丝"烟火气"，更加融入读者的生活。在上海市书刊发行行业协会统计的上海2019年1月1日至2021年1月1日新开书店中，有咖啡经营的书店占84%，书店+咖啡成为新开书店的常态，是吸引客流的重要一环。

报告表示，书店+咖啡，使得书店的存在价值变得多元，生存空间延伸，使之在城市公共空间的赋能上多了一种功能，营造了一种"第三空间"的社交价值，是书房的延伸，有着图书馆的氛围、咖啡馆的格调，成为城市"慢生活"的写照。

（劳动观察2021年3月27日）

114

书店+咖啡，
咖啡经营成为沪上新书店标配

◎ 徐明徵

　　本地传统书店以图书销售等传统业态为主，囿于场地、人员、思路，有咖啡经营的门店占比不高；近十年在上海开业的新型书店则以图书+咖啡、文创、文化体验等多元融合业态迅速占领市场，咖啡经营已经成为新开书店的标配；以西西弗、大众书局等为代表的全国连锁书店在上海落地时咖啡经营已经相对成熟，成为吸引客流的主要手段；上海实体书店咖啡经营面积平均值已相当于一家中小型咖啡馆；咖啡经营空间正在逐步增加，但图书销售和服务仍是主流……

　　在上海咖啡文化周开幕前夕，上海市书刊发行行业协会发布了《2021年上海主要实体书店咖啡经营项目调研报告》，通过对咖啡经营的现状、发展走势调研，描述上海实体书店咖啡经营的概貌，探索咖啡作为书店复合型经营方式基础业态的潜在价值，推动业态融合、搭建交流平台、加强产业引导，促进上海图书发行产业多元融合发展。上海市书刊发行行业协会于2017年9月至2021年1月对上海主要实体书店咖啡经营连续跟踪调研，2021年1月的调研问卷发放全市一百多家主要实体书店，收回问卷98份，最终确定97家书店作为调研对象。调研定义的实体书店咖啡经营要素包括：有固定的经营场地，有休闲座位，有超过2种以上的咖啡品种，配备专业咖啡师等。

受访的97家书店中，上海老牌实体书店经营咖啡的门店不多，如上海新华书店有4家门店经营咖啡。近十年开业的本地实体书店均十分重视咖啡经营，如钟书阁第一家店泰晤士店2013年开业后，自营咖啡品牌"金字塔咖啡"成为每家钟书阁的标配，2021年该品牌改为"书痴咖啡"；创立于2016年的大隐书局6家店经营"大隐书局"品牌咖啡，近期开张的2家店则引进英国老牌COSTA咖啡；新华文创·光的空间2017年12月开业后，培育了自己的咖啡品牌CAF；2017年开业的百新书局缤谷店自营品牌是"写茶WRITEA"；2019年开业的中版书房自有咖啡品牌是"ISBN CAFE"……咖啡经营已成为新开书店的主营业务之一。

近十年来，多家全国连锁书店进入上海，以书店+咖啡+体验+生活方式+第三空间等多种业态综合经营，读者定位更加年轻化，自营咖啡品牌相对较为成熟，已经成为书店多元经营必不可少的重要一环。如西西弗书店的"矢量咖啡"、大众书局的"纸品咖啡"、言几又书店的"言几又咖啡"、建投书局的"传记咖啡"、衡山·和集的"The Mix-Place咖啡"等。

受访的97家书店中，咖啡经营场地总面积约2.2万平方米，平均为230平方米。超过100平方米有76家，占总数的78%。在面积平均值上相当于一家中小型咖啡馆。调查显示，随着书店咖啡经营空间增加，但图书销售和服务仍是主流，从销售数据来看，图书销售占比整体较高。以西西弗书店为例，图书陈列场地占比80%，咖啡馆占比15%，文创产品占比5%。西西弗书店接受调研时说，西西弗开了很多连锁门店，这个比例是恒定不变的。书店经营是一种综合业态，但书是核心内容，这是书店吸引文化消费的灵魂所在。

上海的咖啡文化由来已久，1843年上海开埠后，西方生活方式迅速流入上海。上海最早出现的经营咖啡的书店，是1929年10月由周全平、谢澹如在本市老西门中华路1420号的西门书店，书店由两层组成，底层是书店。1930年2月2日在2楼附设了咖啡座，这个咖啡座的"火车座"（现在的"上岛咖啡"还有这种设施）是从四川北路一家文艺茶座中借来的，墙面上悬挂着十多幅俄罗斯文学家肖像真迹。19世纪末的老上海咖啡馆只服务于外侨，经过一百余年的发展，咖啡馆成为上海滩的一道独特的风景。1998年12月30日上海书城开业，在临近福州路湖北路的一层曾引进台湾马可孛罗面包公司开设兼有面包、简餐、咖啡的空间，多年后马可孛罗撤退，星巴克登场二楼，书城的多个层面摆放着自动咖啡机……

当下，咖啡依然成为上海人生活的一部分，书店+咖啡的结合可以让书店的书卷气中有一丝"烟火气"，更加融入读者的生活。在上海市书刊发行行业协会统计的上海2019年1月1日至2021年1月1日新开书店中，有咖啡经营的书店占84%，书店+咖啡成为新开书店的常态，是吸引客流的重要一环。

咖啡经营使书店变得有"温度",延长读者在书店的停留时间,增加发现书、人与书相遇、人与人相遇的机会;书店的一杯咖啡深化了读者对咖啡文化的认知,促进咖啡与读者喜闻乐见的文化产品与文化内容的融合,让读者更容易感受到上海的城市温度与海派文化魅力。

书店+咖啡,使得书店的存在价值变得多元,生存空间延伸,使之在城市公共空间的赋能上多了一种功能,营造了一种"第三空间"的社交价值,是书房的延伸,有着图书馆的氛围、咖啡馆的格调,成为城市"慢生活"的写照。

（澎湃新闻2022年3月27日）

"啡尝上海·不负热爱——咖香书香在上海"系列活动评选揭晓

2022上海咖啡文化周"啡尝上海·不负热爱——咖香书香在上海"系列活动。期间，参展书店举办了近140场活动，实现咖啡主题图书销售1100余册，咖啡饮品销售170.5万元、销量超过7万杯。

作为年度市级重要展览展示活动获得了圆满成功。为鼓励表现卓著的参展书店和个人，经过自评、测评、复评和终评，将对下列书店，以及优秀海报、微信推文作者进行表扬，并予以奖励。具体名单如下：

一、参展书店

1、优秀（10家）：

朵云书院·旗舰店、上海香港三联书店、建投书局·上海浦江店、艺术书坊、中版书房·长宁店、1925书局、读者·壹琳文化空间、新华文创·光的空间、读者·外滩旗舰店、上海外文书店。

2、表扬（29家）：

思南书局、朵云书院·戏剧店、二酉书店·新天地店、新华书店徐汇日月光店、百新书局缤谷广场店、百新书局尚悦湾广场店、新华书店平高世贸店、悦悦图书专营店、思南书局·诗歌店、现代书店静安嘉里中心旗舰店、读者·北站阅读空间、大夏书店、中版书房·奉贤店、立信书局、交大书院、上海书城长宁店、上戏艺术书店、博林书店、上海书城东方路店、朵云书院·广富林店、钟书阁泰晤士店、百新书局正大乐城店、上海上生新所 茑屋书店、大众书局维璟店、大众书局曲阳店、大众书局世博源店、钟书阁徐汇绿地店、大隐书局（白玉兰广场店）、大隐书局·九棵树艺术书店。

二、海报

"啡尝上海·不负热爱——咖香书香在上海"海报征集共收到43幅作品，分五辑在"上海书展"微信公众号发布。经评审，下列海报荣获优秀作品：

《印象派香味》（世纪朵云文化发展公司/宋立）

《咖香书香在上海》（读者（上海）文化创意公司/张越）

《旧时模样》（上海市书刊发行行业协会/徐田茂）

三、微信推文

"啡尝上海·不负热爱——咖香书香在上海"微信推文征集收到38篇，上海书展微信公众号发布37篇。经评审，评出一等奖3篇、二等奖5篇、三等奖8篇。

一等奖（3篇）：上海香港三联书店、现代书店静安嘉里中心旗舰店、朵云书院·旗舰店。

二等奖（5篇）：艺术书坊、中版书房·长宁店、新华文创·光的空间、新华书店平高世贸店、钟书阁泰晤士店。

三等奖（8篇）：上海外文书店、读者·外滩旗舰店、新华书店徐汇日月光店、上海上生新所 茑屋书店、1925书局、建投书局·上海浦江店、大众书局维璟店、西西弗书店上海华润时代广场店。

旧时模样上海咖啡广告图片展

上海珈琲

食料鮮潔
座位安舒
女子招待
格外有趣

地址
北四川老靶子路北
戲院對面海寧路轉角

OAFÉ OHANQHAÏ
518 NORTH SZECHVEN RD.

（原载《小日报》，1928年）

北四川
中路

對面
大戲院

林白湯

座位雅潔
菜肴精良
中西茶點
各色名酒
價格低廉
女子招待

（原载《上海报》，1929年）

(原載《晶報》，1938年)　　　(原載《東方日報》，1941年)

124

(原载《品报》，1941年)

(原载《力报》，1942年)

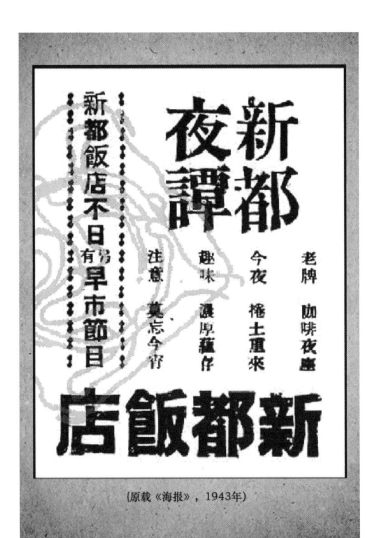

(原载《海报》，1943年)

（原载《东方日报》，1943年）

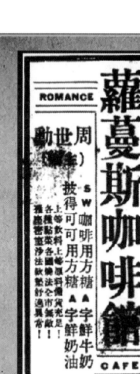

（原载《东方日报》，1943年）

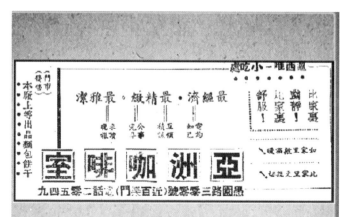

（原載《海報》，1943年）

（原載《海報》，1943年）

夜巴黎咖啡館

歡迎‥遊園男女‧約翰學生‧西區居民

（上午八時至夜九時）

咖啡 點心 冷飲

第一 第一 第一

皇后

咖啡館

每舉

日一

下杯

午咖

行啡

代

文化價

藝咖啡

看所有書報雜誌

三炸

每週新點

今日發售

油煎肉顆麵食

漢口鐵路路拾郵路

（原載《力報》，1943年）

130

（原載《新都周刊》，1943年）

(原载《海报》，1943年)

（原载《力报》，1943年）

大中華咖啡館

中心第一流食　新一區附八

今日上午十一時舉行開幕典禮恭請

袁履登先生揭幕
羅蘭女士剪綵

歡迎　各界蒞臨參觀

下午二時
開始營業

佈置專家：設計
飲食名家：食
烹調名廚：

－咖啡夜座－

各製　特色　點心　冷飲

座位舒適宜於促談
燈光柔和宜於情調
食富於情調

電話：九〇〇九九
廣洽卿路福州路口

COSEY CAFE
泰山咖啡館

泰山路七〇五號
靈飛路新馬路南西路首
電話七五八四六

今日開幕

上午十時
恭請林康侯先生揭幕
曹慧麟小姐剪綵
請張淑嫻嘗試
歡迎

即時營業
咖啡　西點
俄式名菜

豐富實惠！

ABC女郎
●服務親長●

(原載《東方日報》，1943年)　(原載《東方日報》，1944年)

134

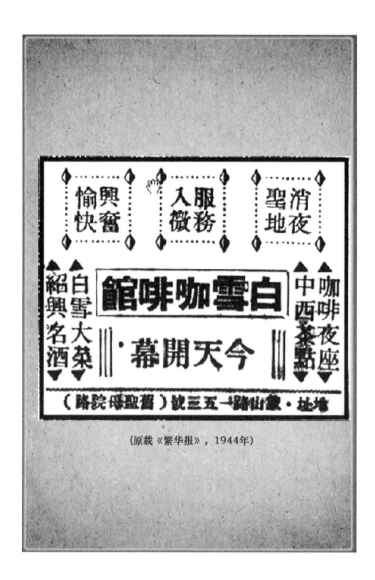

(原载《繁华报》，1944年)

（原载《繁华报》，1944年）

甜甜斯咖啡館

豐胰大菜·美國咖啡

特聘上海專門技師製造

承接定日新禮送蛋
及生年糕

廢歷新年
照常營業

敬請各位顧客注意
地址中山路32號

花樣華麗
大方材料真
實上等

(原載《海报》，1944年)

（原载《力报》，1944年）

（原载《东方日报》，1944年）

（原载《海报》，1944年）

（原载《社会日报》，1944年）

(原载《铁报》，1944年)

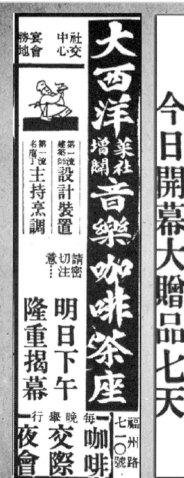

大西洋

社交中心　宴會勝地

美社　增闢　音樂　咖啡茶座

第一流建築師設計裝置

第一流名廚丁主持烹調

請密切注意……

明日下午　隆重揭幕

每晚　交際咖啡　一行夜會

福州路七一〇號

（原載《誠報》，1946年）

開新

小小咖啡館

今日開幕大贈品七天

（原載《海風》，1946年）

(原载《海花》，1946年)

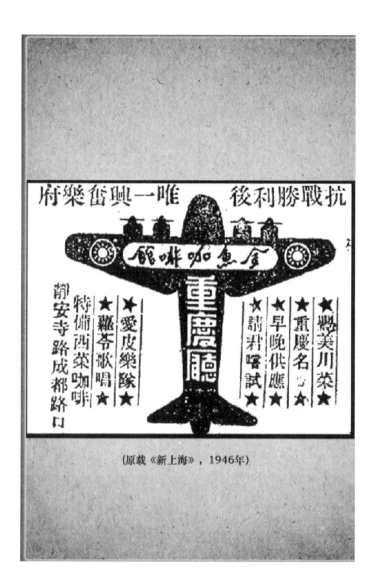

(原载《新上海》，1946年)

維多利亞咖啡室

●今日開幕●

地址靜安寺路一一七九西摩路口

電話三九一九九 三六七八八

午晚西餐 上等廚司
咖啡茶點 地位雅麗

光明咖啡館

今日開幕

電話
六五三二三

(原載《和平日报》，1947年)　(原載《小日报》，1947年)

144

他們清�，我來清胃●
我的口號是：

渴進沙利文的清
潤香茶！
剷除胃內腐化惡
化分子！

沙利文咖啡店

南京路卅六號

神秘高貴幽雅……
上海別樹一幟……

葉子咖啡舘

鴛鴦座

福照路賽辱大戲院对面

神秘的佈置！
有典促追幽之神！
幽揚的音樂！
無竝恁仭舞之須！
是談情說愛的聖地！

(原載《和平日報》，1946年)　(原載《图画风》，1946年)

立德爾 咖啡室

別開生面　異國情調
（完全異族妙齡少女伴舞）

明天下午二二時　恭請一流大明星剪綵

大批西洋妙齡少女
熟知華語
別有風趣

靜安寺路戈登路轉角

(原載《和平日报》，1947年)

(原載《时事新报晚刊》，1947年)

(原載《飞报》，1948年)

(原载《时事新报晚刊》，1947年)

（原载《东方日报》，1948年）

2021年度

上海主要实体书店咖啡经营项目调研报告

调研摘要

2021年1月7日，上海交通大学与美国南加州大学联合团队公布《2020国际文化大都市评价报告》显示，在全球50个国际文化大都市中，上海的咖啡馆和茶馆总数排名第一。

在上海市书刊发行行业协会统计上海2019年1月1日至2021年1月1日新开书店中，有咖啡经营的书店占84%，书店+咖啡成为新开书店的常态。

受访的97家书店中，国有书店占比36%，非国有书店占比62%，国有控股多元投资书店占比2%。这一数据表明，经营咖啡以非国有书店居多。这与上海书业生态有关，老牌国有书店中，以图书销售等传统业态为主，咖啡经营占比不高。而近十年在上海布局、开业的新型书店则以咖啡、文创、文化体验等多元业态迅速占领市场。

上海老牌实体书店经营咖啡的门店不多，自营咖啡品牌亦区区可数。新华传媒连锁旗下的新华书店培育了自营品牌，目前经营咖啡的门店有4家；新华文创·光的空间2017年12月16日在爱琴海购物公园开业后，培育了自己的咖啡品牌CAFÉ；钟书阁泰晤士店2013年开业后，自主咖啡品牌"金字塔咖啡"就是钟书阁的标配，最近改为"书痴咖啡"；大隐书局6家店自营咖啡使用"大隐书局"咖啡品牌，最近开张的2家店则引进英国老牌COSTA咖啡；中版书房首创自有咖啡品牌"ISBN CAFE"；"写茶WRITEA"是百新书局的自营品牌；大夏书店的咖啡品牌就叫"大夏书店"，咖啡经营已成为书店的主营业务之一。

近十年，多家外省市连锁书店进入上海，以书店+咖啡+体验+生活方式+第三空间等多种业态综合经营，读者定位更加年轻化，自营咖啡品牌相对较为成熟，如西西弗矢量咖啡、大众书局的自营"纸品咖啡"、言几又书店的"言几又咖啡"、建投书局的"传记咖啡"、衡山·和集的"The Mix-Place咖啡"等。

受访的97家书店中，咖啡经营场地总面积约2.2万平方米，平均为230平方米。休闲座位7045个，平均每家店144个。超过100平方米有76家，占总数的78%。在面积和休闲座位平均值上已相当于一家中小型咖啡馆。

实体书店咖啡单品三年涨价超过2.6元，咖啡单价与星巴克差不多，比COSTA咖啡便宜3元。咖啡经营利润高，但图书销售和服务仍是主流，从销售来看，图书销售占比整体较高。

上海的咖啡文化由来已久，咖啡是上海人生活的一部分，书店+咖啡的结合可以让书店的书卷气中有一丝"烟火气"，更加融入市民的生活。建议重新认识实体书店经营咖啡的溢加效应，倡导实体书店经营咖啡，培养书店的咖啡品牌。

一、调研目的

本次调研针对上海97家有咖啡经营业态的实体书店进行调研，通过对咖啡经营的现状、发展态势调研，描述上海地区实体书店咖啡经营的概貌，探索咖啡作为书店复合型经营方式基础业态的潜在价值。

二、调研主体

上海市书刊发行行业协会、上海联合书业会展有限公司

三、调研时间

2017年9月—2018年12月

2019年1月—2019年12月

2020年1月—2021年1月

四、调研对象

上海97家主要实体书店，国有书店、民营书店，连锁书店、独立书店均纳入调研范围。

纳入调研范围的实体书店名单如下（以笔划多少排序）：

1、大众书局世博店

2、大众书局古美店

3、大众书局乐城店（歇业）

4、大众书局曲阳店

5、大众书局合生店

6、大众书局松江店

7、大众书局禹州店

8、大众书局美罗店

9、大众书局维璟广场店

10、大众书局福州路（歇业）

11、大夏书店

12、大夏书店·宝丽店

13、大隐书局（武康大楼店）

14、大隐书局（海派书房）

15、大隐书局傅雷图书馆店

16、大隐书局九棵树艺术书店

17、大隐书局生活空间（白玉兰广场店）

18、大隐书局豫园店

19、大隐湖畔书局

20、大隐精舍

21、上戏艺术书店

22、上海三联书店·山脚下的书店

23、上海三联书店READWAY新天地店

24、上海三联书店朱家角店（歇业）

25、上海书城长宁店

26、上海书城福州路店

27、上海外文书店

28、中版书房·长宁店

29、中版书房·江苏路店

30、中版书房·奉贤店

31、中信书店上海都市路店

32、中信书店上海浦东南路店

33、贝页书店

34、立信书局

35、西西弗书店上海七宝万科店

36、西西弗书店上海三林印象城

37、西西弗书店上海万象城店

38、西西弗书店上海长风大悦城店

39、西西弗书店上海月星环球港店

40、西西弗书店上海正大广场

41、西西弗书店上海世茂Solo店

42、西西弗书店上海华润时代店

43、西西弗书店上海闵行天街店

44、西西弗书店上海凯德晶萃店

45、西西弗书店上海金桥国际商业广场

46、西西弗书店上海宝杨宝龙店

47、西西弗书店上海南翔印象城店

48、西西弗书店上海虹口龙之梦店

49、西西弗书店上海复地活力城店

50、西西弗书店上海浦东嘉里城店

51、西西弗书店上海晶耀前滩店

52、西西弗书店上海静安大悦城店

53、西西弗书店上海嘉定万达店

54、百新书局长宁缤谷店

55、百新书局尚悦湾店

56、光的空间绍兴路店

57、新华文创·光的空间

58、同济书店

59、朵云书院·广富林店

60、朵云书院·戏剧店

61、朵云书院·旗舰店

62、云编书店

63、吾同书局（歇业）

64、作家书店

65、言几又 上海宝龙城店

66、言几又 上海虹桥天地店

67、言几又·今日阅读 上海长泰广场店

68、言几又·今日阅读 上海百联世纪店

69、言几又·今日阅读 上海瑞虹天地店

70、言几又·今日阅读 上海新天地店

71、言几又·今日阅读 上海九亭金地店

72、言几又·今日阅读 上海万象城店

73、言几又·今日阅读 上海南丰城店

74、言几又·今日阅读 上海滨江万科店

75、陇上书店

76、例外·和集（环贸iapm店）（歇业）

77、泮溪书店（歇业）

78、建投书局

79、玻璃宫艺术书局

80、思南书局

81、思南书局·诗歌店

82、钟书阁对外经贸店

83、钟书阁芮欧店

84、钟书阁泰晤士店

85、钟书阁徐汇店

86、钟书阁嘉定店

87、复旦经世书局

88、读者·北站阅读空间

89、读者·外滩旗舰店

90、涵芬楼阅读体验中心

91、绿瓦体育书店

92、博库书城宜山店

93、新华书店平高世贸店

94、新华书店视觉艺术学院

95、南村映雪文化书店

96、新华书店莘庄店

97、衡山·和集

五、调研方式

问卷调查、实地采访、电话沟通、社群沟通、当面访谈

六、调研项目

店名，地址，咖啡价格（价目表），咖啡品牌（自营、合作、品牌引进），面积（平方米），员工情况，座椅数量、销量（元/天），经营者，营业时间，经营模式。

七、版本修订

第一版（2018年12月）：2018年12月撰写调研报告，纳入60家实体书店，反映了上海主要实体书店咖啡经营的基本情况。

第二版（2019年12月）：2019年上海新开书店30家，有咖啡经营的25家，更新相关数据，对第一版报告进行数据更新、补充。

第三版（2021年2月）：2020年1月1日至2021年1月1日，上海新开书店15家，有咖啡经营的13家，更新相关数据，对第二版报告

进行数据更新、补充。

八、调研数据

上海市书刊发行行业协会在2017年9月至2021年1月对上海主要实体书店进行了咖啡经营调研，调研问卷发放全市主要实体书店，收回问卷98份，最终确定97家书店作为调研对象。

本次调研所定义的实体书店咖啡经营要素如下：①有固定的经营场地，②有休闲座位，③有超过2种以上的咖啡品种，④配备专业咖啡师。

（一）受访书店基本情况

调研针对上海主要实体书店咖啡经营现状，受访的97家书店中，国有书店占比36%，非国有书店占比62%，国有控股多元投资书店占比2%，见图8-1。

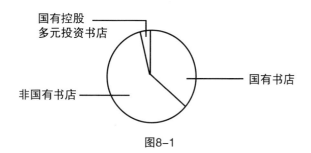

图8-1

受访的97家书店中，连锁书店82家，占比85%；独立书店15家，占比15%，见图8-2。

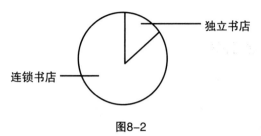

图8-2

82家连锁书店中，外省品牌书店51家，占比62%；上海本地连锁书店31家，占比38%，见图8-3。

15家独立书店均为上海本地书店，大多分布在高校附近。

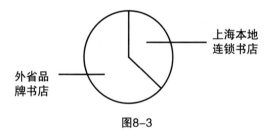

图8-3

受访的97家书店中，有6家歇业，见图8-4。

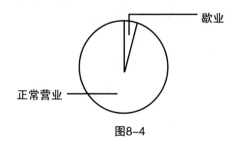

图8-4

据不完全统计，2019年1月1日至2021年1月1日上海新开实体书店45家，其中有咖啡经营38家，占比84%，见表1-1、表1-2。

表1-1 2019年新开书店一览

序号	书店名称	隶属单位名称	开业时间	咖啡经营	备注
1	上海三联书店新天地店	上海三联书店有限公司	2019年3月	有	
2	贝页书店	上海阅薇图书有限公司	2019年4月	有	
3	例外·和集（环贸iapm店）	上海例方文化发展有限公司	2019年5月	有	歇业
4	立信书局	立信会计出版社	2019年5月	有	
5	钟书阁嘉定店	上海钟书实业有限公司	2019年6月	有	
6	青浦万达茂玛德琳童书馆	上海新华传媒连锁有限公司	2019年6月	无	
7	玻璃宫艺术书局		2019年6月	有	
8	大隐书局傅雷图书馆店	上海大隐书局有限公司	2019年7月	有	
9	南村映雪文化书店	上海新华传媒连锁有限公司	2019年7月	有	
10	朵云书院·旗舰店	上海世纪朵云文化发展有限公司	2019年8月	有	

序号	书店名称	隶属单位名称	开业时间	咖啡经营	备注
11	中版书房·长宁店	中国出版集团东方出版中心	2019年8月	有	
12	西西弗书店上海晶耀前滩店	上海惜福文化传播有限公司	2019年8月	有	
13	读者·北站阅读空间	读者（上海）文化创意有限公司	2019年8月	有	
14	中信书店上海都市路店	北京中信书店有限责任公司	2019年8月	有	
15	大隐书局生活空间（白玉兰广场店）	上海大隐书局有限公司	2019年9月	有	
16	百新书局南方商城店	上海百新文化用品有限公司	2019年9月	无	
17	中信书店上海浦东机场卫星厅店	北京中信书店有限责任公司	2019年9月	无	歇业
18	上海元龙音乐书店武康大楼店	上海元龙音乐书谱有限公司	2019年10月	无	
19	大众书局曲阳路店	上海大众书局文化有限公司	2019年10月	有	
20	言几又·今日阅读上海九亭金地店	上海沁滢文化传播有限公司	2019年11月	有	

序号	书店名称	隶属单位名称	开业时间	咖啡经营	备注
21	云编书店	上海出版印刷高等专科学校后勤服务中心	2019年11月	有	
22	新华书店奉贤传阅坊店	上海新华传媒连锁有限公司	2019年11月	无	
23	思南书局·诗歌店	上海世纪朵云文化发展有限公司	2019年12月	有	
24	绿瓦体育书店	上海体院体育交流中心	2019年12月	有	
25	西西弗书店上海复地活力城店	上海惜福文化传播有限公司	2019年12月	有	
26	西西弗书店上海万象城店	上海惜福文化传播有限公司	2019年12月	有	
27	西西弗书店上海正大广场店	上海惜福文化传播有限公司	2019年12月	有	
28	西西弗书店上海华润时代广场店	上海惜福文化传播有限公司	2019年12月	有	
29	西西弗书店上海闵行天街店	上海惜福文化传播有限公司	2019年12月	有	
30	西西弗书店上海宝杨宝龙广场店	上海惜福文化传播有限公司	2019年12月	有	

表1-2 2020年新开书店一览

序号	书店名称	隶属单位名称	开业时间	咖啡经营
1	大隐书局（海派书房）	上海大隐书局有限公司	2020年4月	有
2	上海复旦经世书局	复旦大学出版社有限公司	2020年6月	有
3	大夏书店·宝丽店	上海城市动漫出版传媒有限公司	2020年6月	有
4	西西弗书店上海金桥国际商业广场	上海惜福文化传播有限公司	2020年7月	有
5	中版书房·奉贤店	上海中版青溪图书有限公司	2020年8月	有
6	西西弗书店上海南翔印象城店	上海惜福文化传播有限公司	2020年8月	有
7	上外书店	上海外语教育出版社	2020年9月	无
8	新华书店·书香视觉校园书店	上海新华传媒连锁有限公司	2020年9月	有
9	上海第二工业大学渔书书店	上海虞衡文化传播有限公司	2020年11月	无
10	上戏艺术书店	上戏艺术发展公司	2020年12月	有
11	大隐书局九棵树艺术书店	上海大隐书局有限公司	2020年12月	有

序号	书店名称	隶属单位名称	开业时间	咖啡经营
12	朵云书院·戏剧店	上海世纪朵云文化发展有限公司	2020年12月	有
13	中版书房·江苏路店	中国出版集团东方出版中心	2020年12月	有
14	上海上生新所 茑屋书店	茑屋投资（上海）有限公司等	2020年12月	有
15	大隐书局豫园店	上海大隐书局有限公司	2021年1月	有

（二）咖啡经营基本情况

受访的97家书店中，咖啡经营场地总面积约2.2万平方米，平均为230平方米。休闲座位7045个，平均每家店144个。咖啡经营面积超过100平方米的书店有76家，占总数的78%，见图2-1。

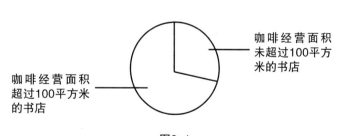

咖啡经营面积未超过100平方米的书店

咖啡经营面积超过100平方米的书店

图2-1

表2-1 咖啡经营面积超过100平方米的书店
（以经营面积大小排序）

店　名	咖啡品牌（自营、合作、品牌引进）	经营面积（平方米）	备注
朵云书院·旗舰店	合作，C Café	2200	
钟书阁泰晤士店	自营，金字塔咖啡（现改名"书痴咖啡"）	1600	
朵云书院·戏剧店	合作，C Café	1400	
涵芬楼阅读体验中心	自营	1100	
博库书城宜山店	合作，漫咖啡	800	
大隐精舍	自营，大隐书局咖啡	700	
大隐书局生活空间（白玉兰广场店）	合作	591	
言几又 上海宝龙城店	自营，言几又咖啡	562	
思南书局	合作，爱索（ISoul）	546	
中版书房·奉贤店	自营，ISBN咖啡	537	
大夏书店·宝丽店	自营	450	
大隐书局（武康大楼店）	自营，大隐书局咖啡	380	
中版书房·长宁店	合作	380	
立信书局	合作，新华连锁咖啡	360	

店　名	咖啡品牌（自营、合作、品牌引进）	经营面积（平方米）	备注
同济书店	自营，同济书店咖啡	325	
新华书店视觉艺术学院	合作，品牌引进	300	
泮溪书店	合作，意大利品牌意利	260	歇业
思南书局·诗歌店	自营 C Café	260	
钟书阁对外经贸店	自营，金字塔咖啡（现改名"书痴咖啡"）	250	
云编书店	自营，弘文意品	250	
西西弗书店上海华润时代店	自营，矢量咖啡－Up Coffee	222.6	
言几又·今日阅读　上海长泰广场店	自营，言几又咖啡	220	
大夏书店	自营	220	
新华书店平高世贸店	自营	210	
钟书阁芮欧店	自营，金字塔咖啡（现改名"书痴咖啡"）	200	
言几又上海虹桥天地店	自营，言几又咖啡	200	
吾同书局	自营，此时此地	200	歇业

店　名	咖啡品牌（自营、合作、品牌引进）	经营面积（平方米）	备注
光的空间绍兴路店	合作，光的空间 ×庸曼咖啡	200	
作家书店	自营，阿拉比卡	200	
钟书阁嘉定店	自营，金字塔咖啡（现改名"书痴咖啡"）	200	
陇上书店	合作，麦隆咖啡	188	
大众书局维璟广场店	自营，纸品咖啡	180	
例外·和集（环贸iapm店）	自营	176	歇业
西西弗书店上海静安大悦城店	自营，矢量咖啡–Up Coffee	173.7	
新华文创·光的空间	自营，光的空间|CAFE	170	
西西弗书店上海三林印象城	自营，矢量咖啡–Up Coffee	163.29	
西西弗书店上海正大广场	自营，矢量咖啡–Up Coffee	154	
上海三联书店·山脚下的书店	自营	150	
百新书局长宁缤谷店	自营，写茶WRITEA	150	
上戏艺术书店	自营，上戏艺术咖啡	150	

店　名	咖啡品牌（自营、合作、品牌引进）	经营面积（平方米）	备注
言几又·今日阅读 上海九亭金地店	自营，言几又咖啡	150	
西西弗书店上海七宝万科店	自营，矢量咖啡–Up Coffee	147.3	
言几又·今日阅读 上海滨江万科店	自营，言几又咖啡	144	
西西弗书店上海闵行天街店	自营，矢量咖啡–Up Coffee	132.2	
西西弗书店上海万象城店	自营，矢量咖啡–Up Coffee	132	
言几又·今日阅读 上海南丰城店	自营，言几又咖啡	130	
西西弗书店上海凯德晶萃店	自营，矢量咖啡–Up Coffee	129	
西西弗书店上海世茂Solo店	自营，矢量咖啡–Up Coffee	128	
西西弗书店上海嘉定万达店	自营，矢量咖啡–Up Coffee	125	
西西弗书店上海金桥国际商业广场	自营，矢量咖啡–Up Coffee	121.18	
上海三联书店朱家角店	自营，香记咖啡	120	歇业
言几又·今日阅读 上海新天地店	自营，言几又咖啡	120	

店　名	咖啡品牌（自营、合作、品牌引进）	经营面积（平方米）	备注
钟书阁徐汇店	自营，金字塔咖啡（现改名"书痴咖啡"）	120	
西西弗书店上海南翔印象城店	自营，矢量咖啡-Up Coffee	118	
言几又·今日阅读 上海万象城店	自营，言几又咖啡	116	
西西弗书店上海宝杨宝龙店	自营，矢量咖啡-Up Coffee	116	
西西弗书店上海晶耀前滩店	自营，矢量咖啡-Up Coffee	115.6	
大众书局曲阳店	自营，纸品咖啡	112	
大隐书局傅雷图书馆店	自营，大隐书局咖啡	110	
中信书店上海都市路店	自营	110	
玻璃宫艺术书局	自营，麦多咖啡	110	
西西弗书店上海月星环球港店	自营，矢量咖啡-Up Coffee	109	
西西弗书店上海虹口龙之梦店	自营，矢量咖啡-Up Coffee	106	
上海书城福州路店	引进，星巴克	100	
大众书局福州路	自营，纸品咖啡	100	歇业
大众书局美罗店	自营，纸品咖啡	100	

店　名	咖啡品牌（自营、合作、品牌引进）	经营面积（平方米）	备注
大众书局合生店	自营，纸品咖啡	100	
大众书局世博店	自营，纸品咖啡	100	
大众书局乐城店	自营，纸品咖啡	100	歇业
大众书局松江店	自营，纸品咖啡	100	
大众书局禹州店	自营，纸品咖啡	100	
西西弗书店上海长风大悦城店	自营，矢量咖啡－Up Coffee	100	
朵云书院·广富林店	自营 C Café	100	
大隐书局九棵树艺术书店	合作，COSTA	100	
绿瓦体育书店	自营，拉瓦萨	100	
贝页书店	合作，BEING伴咖啡	100	

97家受访书店中，咖啡品牌自营的有77家，占比79%，见图2-2。

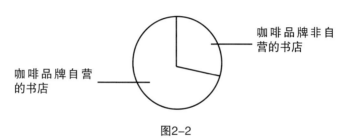

咖啡品牌非自营的书店

咖啡品牌自营的书店

图2-2

自营咖啡品牌较为成熟的有：西西弗书店的矢量咖啡、言几又书店的"言几又咖啡"、建投书局的"传记咖啡"、钟书阁的"金字塔咖啡"（2021年改为"书痴咖啡"）、新华书店自营咖啡（之前曾命名为"聿日咖啡"）、大隐书局的"大隐书局咖啡"、大众书局的"纸品咖啡"、百新书局的"写茶WRITEA"、中版书房的"ISBN咖啡"等。

合作或引进的咖啡品牌有：上海书城福州路店的星巴克咖啡、上海外文书店的潮玩星球·动漫的饮品店、朵云书院的C Café、博库书城宜山店的漫书咖、大隐书局·九棵树艺术书店的COSTA、上海三联书店的BoredWay Cafe、陇上书店的麦隆咖啡等。

（三）咖啡品类、价格基本情况

在2017年9月—2018年12月阶段的调研中，书店经营咖啡品类主要是：拿铁、摩卡、卡布奇诺、美式、意式浓缩咖啡等，中杯热饮的平均单价在18.5元至32.2元之间，均价在26.2元左右，见表3-1。

表3-1 2017年9月—2018年12月调研的部分书店咖啡品类、价格
（备注：杯型为中杯、热饮） 单位：元

店名	拿铁	摩卡	卡布奇诺	美式	意式	备注
上海书城福州路店	28	31	28	24	16	
新华书店	23	26	23	18	16	
外文书店	28	30	30	25	21	
博库书城宜山店	30	30	28	22	18	
大众书局	33	36	33	26	16	

店名	拿铁	摩卡	卡布奇诺	美式	意式	备注
钟书阁	36	38	38	28	22	
上海三联书店朱家角店	35	38	32	28	/	歇业
吾同书局	32	35	32	25	25	歇业
衡山·和集	40	40	40	30	20	
言几又	28	32	28	22	22	
建投书局	35	38	32	30	20	
西西弗书店	35	36	25	22	25	
同济书店	28	30	28	20	18	
泮溪书店	27	28	25	20	12	歇业
陇上书店	21	/	21	18	13	
涵芬楼阅读体验中心	22	26	22	18	/	
复旦经世书局	20	28	20	15	/	
钟书阁对外经贸大学店	20	25	20	16	14	
大夏书店	28	32	28	16	18	
平均单价	28.9	32.2	28.1	22.3	18.5	

　　2019年1月1日—2021年1月1日新开书店的咖啡品类主要有拿铁、卡布奇诺、美式、摩卡、焦糖玛奇朵、澳白（馥芮白）、意式浓缩咖啡等，中杯热饮的平均单价在19.6元至34元之间，均价在28.8元左右，见表3-2。

表3-2 2019年1月1日—2021年1月1日部分书店经营的咖啡品类、价格

（备注：杯型为中杯、热饮）

单位：元

店名	拿铁	卡布奇诺	美式	摩卡	焦糖玛奇朵	澳白（馥芮白）	意式
新华书店·视觉艺术学院	26	26	20	26	29	26	16
上戏艺术书店	35	35	25	35	／	35	／
南村映雪文化书店	32	32	23	35	35	32	／
朵云书院戏剧店	32	32	25	／	36	29	／
思南书局诗歌店	32	／	25	39	／	29	／
朵云书院旗舰店	42	／	30	／	42	／	／
新华文创·光的空间	28	28	22	32	36	25	／
复旦经世书局	25	25	22	30	／	25	18
大众书局曲阳店	36	36	30	39	39	／	／
西西弗书店·矢量咖啡	37	37	34	38	38	／	／
大夏书店·宝丽店	25	25	20	32	／	25	／
中版书房·奉贤店	28	28	25	33	33	／	／

176

店名	拿铁	卡布奇诺	美式	摩卡	焦糖玛奇朵	澳白（馥芮白）	意式
大隐书局博雷图书馆店	28	28	24	30	30	/	/
大隐书局·九棵树艺术书店	29	29	25	31	31	/	/
大隐书局生活空间·白玉兰广场店	30	30	26	35	/	30	22
大隐书局·豫园店	29	29	25	31	31	/	/
钟书阁嘉定店	28	30	22	30	30	/	22
中信书店	30	30	/	34	/	/	17
言几又·今日阅读（上海九亭金地店）	32	32	28	36	/	/	22
绿瓦体育书店	30	/	25	35	/	30	20
云编书店	12	12	10	12	/	/	/
读者·北站阅读空间	28	30	26	30	/	/	/
上海三联书店READWAY新天地店	30	30	25	32	32	/	/
平均单价	29.7	29.2	24.4	32.1	34	28.6	19.6

2020年新开校园书店的咖啡价格相对较低，平均单价25元/杯，比2019年1月1日—2021年1月1日23家新开书店咖啡价格低3.8元/杯，见表3-3。

表3-3 2020年部分新开高校书店经营的咖啡品类、价格

（备注：杯型为中杯、热饮） 单位：元

店 名	拿铁	卡布奇诺	美式	摩卡	澳白/馥芮白	意式
上戏艺术书店	35	35	25	35	35	/
复旦经世书局	25	25	22	30	25	18
大夏书店·宝丽店	25	25	20	32	25	/
绿瓦体育书店	30	/	25	35	30	20
云编书店	12	12	10	12	/	/
新华书店·视觉艺术学院	26	26	20	26	29	26
校园书店咖啡平均价格	25.5	24.6	20.3	28.3	28.8	21.3
23家书店咖啡平均价格	29.7	29.2	24.4	32.1	28.6	19.6
两者差价	4.2	4.6	4.1	3.8	-0.2	-1.7

（四）咖啡经营基本情况

91家受访书店咖啡经营日均销售总额19万元，平均值2093元/日。咖啡经营日均销售额超过2000元的有47家，占比52%。其中，

朵云书院·旗舰店、朵云书院·广富林店、朵云书院·戏剧店、思南书局、思南书局·诗歌店、贝页书店等6家未提供经营数据，见图3-1。

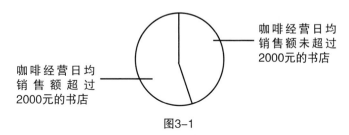

咖啡经营日均销售额超过2000元的书店

咖啡经营日均销售额未超过2000元的书店

图3-1

咖啡经营日均销售额在5000元（含5000元）以上的书店有9家，4000-4999元之间的有5家，3000-3999元之间的有9家，2000-2999元之间的书店有24家，1000-1999元之间的有19家，1000元以下的有25家，见图3-2。

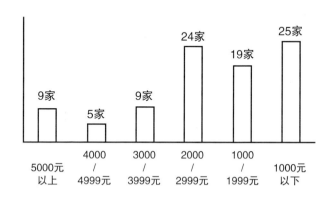

图3-2

咖啡经营日均销售额超过2000元的47家书店中，西西弗书店16

家、言几又7家、大众书局3家、大隐书局4家、钟书阁3家、新华传媒连锁2家、上海三联书店2家，上海外文书店、新华文创·光的空间、建投书局、大夏书店、涵芬楼阅读体验中心、复旦经世书局、读者·外滩旗舰店、云编书店等各1家。

咖啡经营日均销售额排名第一的是钟书阁徐汇店，每月咖啡休闲区营业额超过20万元，2020年1月份受疫情影响，营业额也做到19万元，见表3-4。

表3-4 咖啡经营日均销售额超过2000元的书店

（以销售额多少排序） 单位：元

店　名	销售额
钟书阁徐汇店	8000
西西弗书店上海三林印象城	6236
言几又·今日阅读 上海长泰广场店	5000
言几又 上海虹桥天地店	5000
言几又 上海宝龙城店	5000
泮溪书店	5000
建投书局	5000
大隐书局九棵树艺术书店	5000
大隐精舍	5000
西西弗书店上海浦东嘉里城店	4563
西西弗书店上海静安大悦城店	4546
西西弗书店上海七宝万科店	4437
西西弗书店上海世茂Solo店	4405
大夏书店	4000

店　名	销售额
言几又·今日阅读　上海瑞虹天地店	3600
西西弗书店上海凯德晶萃店	3517
言几又·今日阅读　上海百联世纪店	3500
西西弗书店上海虹口龙之梦店	3468
西西弗书店上海月星环球港店	3382
言几又·今日阅读　上海新天地店	3300
上海外文书店	3000
读者·外滩旗舰店	3000
大众书局福州路	3000
西西弗书店上海嘉定万达店	2751
钟书阁芮欧店	2500
西西弗书店上海正大广场	2500
西西弗书店上海万象城店	2500
复旦经世书局	2388
西西弗书店上海南翔印象城店	2300
云编书店	2200
西西弗书店上海闵行天街店	2100
西西弗书店上海金桥国际商业广场	2100
西西弗书店上海华润时代店	2100
西西弗书店上海复地活力城店	2100
钟书阁泰晤士店	2000
言几又·今日阅读　上海九亭金地店	2000
吾同书局	2000

店　名	销售额
上海书城长宁店	2000
上海书城福州路店	2000
上海三联书店朱家角店	2000
上海三联书店READWAY新天地店	2000
涵芬楼阅读体验中心	2000
新华文创·光的空间	2000
大众书局美罗店	2000
大众书局乐城店	2000
大隐书局傅雷图书馆店	2000
大隐书局（海派书房）	2000

九、调研分析

（一）上海的咖啡馆和茶馆总量位居全球第一

1843年上海开埠后，外国人把西方的生活方式带进上海。1929年10月由，全平、谢澹如在本市老西门中华路1420号开办西门书店。书店由两层组成，底层是书店，1930年2月2日在二楼附设了咖啡座，是上海最早出现的书店经营咖啡，这个咖啡座的"火车座"（现在的"上岛咖啡"还有这种设施）是从四川北路一家文艺茶座中借来的，墙面上悬挂着十多幅俄罗斯文学家肖像真迹。

19世纪末的老上海咖啡馆只服务于外侨，经过一百余年的发展，喝咖啡渐渐成为上层人士的一种生活方式，咖啡馆成为上海滩的一道独特的风景，出入咖啡馆一度成为人们身份的象征。

1935年德胜咖啡行在静安寺路创立，1959年，德胜咖啡行收归国营，随之更名为上海咖啡厂。每罐3元5角的铁罐上海牌咖啡是20世纪60年代至80年代中国唯一的咖啡名牌，成为一代国人的情怀与记忆，在当时可以称得上是轻奢品了。地处上海外滩附近的老牌东海、德大咖啡馆也曾是上海人喝咖啡谈生意的首选。

20世纪90年代末，咖啡在中国风行，最初被雀巢咖啡、上岛咖啡、星巴克咖啡所影响。1988年雀巢咖啡进入中国后，雀巢的速溶咖啡为大众接受。速溶咖啡市场迅速崛起，三合一调味咖啡和速溶咖啡成为改革开放至2000年之前，中国咖啡的主要消费品牌。雀巢咖啡礼品装在大型超市上架，那个年代，人们逢年过节或走亲访友送上一盒雀巢伴手礼，也是一种高档、时尚、体面的象征，这其间，速溶咖啡在中国步入发展的高峰。1999年，星巴克在北京开了第一家门店……2020年秋天，上海地区第800家星巴克门店在智慧湾科创园开业。

近年来，中国在世界咖啡消费市场的占比越来越高，年复合增长率达15%以上，其中上海的市场销量约占50%。几乎所有国际咖啡品牌进入中国的首选地都是上海，譬如日本"最美咖啡馆"%Arabica、美国"实力派"皮爷（Peet's）、加拿大"国民咖啡"北美传奇（Tim Hortons）纷纷抢滩上海。预计到2025年，中国咖啡市场消费将达1万亿元；未来十年，中国将超越美国，成为全球最大的咖啡消费市场。

2021年1月7日，上海交通大学与美国南加州大学联合团队公布《2020国际文化大都市评价报告》显示，上海的咖啡馆和茶馆总量已位居全球第一。

（二）阅读是咖啡的文化印记

咖啡与阅读、艺术的渊源由来已久，1879年开业的四只猫咖啡馆（又名毕加索咖啡馆）曾是19世纪末期艺术家们汇聚地，而创建于1887年的花神咖啡馆在20世纪初是当时思想文化家经常出入的场所，也是萨特和波伏娃流连流连之地……如今，这些大名鼎鼎的咖啡馆是世界文学爱好者、艺术爱好者向往的圣地，每年前去打卡的人络绎不绝。

20世纪20年代，日本横滨有家名为"有邻堂"的书店首次把咖啡引入了书店，书店内设咖啡厅，而这一模式当时在欧洲风行已有数年，在之后的一百年，咖啡成为全球实体书店经营的一个重要业态，咖啡场地所赋予的社交、休闲功能成为现代人阅读、交流、休闲、洽谈生意的常规场所。可以说，阅读是咖啡的文化印记。

改革开放初期，作为传播先进文化的阵地和社会文化建设的重要窗口，国有书店售卖的主要是图书，兼之音像制品、文教用品，形式相对单一。到了20世纪末期，书店售卖范围渐渐演变为出版物、咖啡简餐、文创产品三合一。

1998年12月30日上海书城开业，在临近福州路福建中路的书城一层引进台湾东华书局马可孛罗面包公司开设的兼有面包、简餐、咖啡的空间，亮堂的环境、喷香的味道、亲民的价格使这里的咖啡随着风吹而飘入店堂，多年后马可孛罗撤退、星巴克登场二楼，书城的多个层面摆放着自动咖啡机。

随着购买力的提升，人们对于精神层面的需求越来越旺盛，愿意为文化体验感买单，上海实体书店业态升级，开始追求"颜值"，注重阅读空间的营造，多元业态、阅读体验、特色定位、个性设计等"文化空间"元素成为新型实体书店的共性。多元业态的引进，不仅增加了书店的租金收入，也大大提升了读者的阅读体验及书店的服务功能，而咖啡经营是多元业态的重要一环。

（三）非国有书店经营咖啡者居多

上海重视扶持实体书店发展，从2012年上海在全国各省市中率先出台政策扶持实体书店，到国家全面推动扶持实体书店工作，对图书发行企业免征增值税；从国家11部委发布《关于支持实体书店发展的指导意见》，到上海15家市级单位联合印发《关于上海扶持实体书店发展的实施意见》，到2017年底颁布的"上海文创50条"，上海正步入"加快建立布局合理、结构优化、业态多元、充满活力的新型实体书店发展格局"的"快车道"，品牌实体书店的建设成为推动全民阅读、打响"上海文化"品牌的重要力量。

近年来，上海新开书店以高颜值、高体验感、高附加值的多元化形态亮相。据不完全统计，2019年1月1日至2021年1月1日上海新开实体书店45家，其中有咖啡经营38家，占比84%。咖啡经营成为

"书店+"模式的基础业态。

受访的97家书店中，连锁书店占比85%，独立书店占比15%，连锁书店中外省品牌书店占比62%，可见外省品牌书店的咖啡经营模式较为成熟。独立书店均为本地书店，大多分布在高校内或周边。

国有书店占比36%，非国有书店占比62%，国有控股多元投资书店占比2%。这一数据表明，经营咖啡以非国有书店居多，这与上海书业生态有关，老牌国有书店中，以图书销售等传统业态为主，咖啡经营占比不高。而近十年在上海布局、开业的新型书店则以咖啡、文创、文化体验等多元业态迅速占领市场。

日本作家吉井忍在《东京独立书店巡礼》说："书店，若要生存下去的话，不能只卖书籍。一定要成为人和人、人和书邂逅的场所。"新型书店提供阅读的场景空间，既是买书的场所，亦是阅读的场所，还是社交的场所。

（四）上海本地书店自营咖啡品牌正在培育中

上海新华传媒连锁有限公司旗下的新华书店、上海书城，上海新华发行集团旗下的新华文创·光的空间，上海世纪出版集团旗下的上海外文图书有限公司、上海图书有限公司等都是老牌实体书店，经营咖啡的门店不多，自营品牌亦区区可数。

上海书城福州路店引进了星巴克咖啡，2020年11月30结束合作，目前没有经营咖啡；上海外文图书有限公司所属的上海外文书店引进了潮玩星球·动漫的饮品店；上海图书有限公司所属的上海古籍书店、艺术书坊没有经营咖啡。

近年来，新华传媒连锁旗下的新华书店培育了自营品牌，曾经名为"聿曰咖啡"，一年前准备改名，目前自营咖啡尚未命名。经营咖啡的门店有4家：上海书城长宁店、新华书店平高世贸店、南村映雪文化书店、新华书店·书香视觉校园书店。

新华文创·光的空间2017年12月16日在爱琴海购物公园开业后，培育了自己的咖啡品牌CAFÉ，有2位全职咖啡师，拥有Q阿拉比卡证和SCA国际金杯冲煮高级资质，有多年精品咖啡店和大型连锁咖啡店的从业经验。

钟书阁泰晤士店2013年开业后，自主咖啡品牌"金字塔咖啡"就是钟书阁的标配，除咖啡外，还经营茶饮、果汁、西点等。最近钟书阁已经停用"金字塔咖啡"这一品牌，改为"书痴咖啡"。

大隐书局于2016年5月在武康大楼创办第一家店时就自营咖啡品牌"大隐书局"咖啡，其后大隐精舍、海派书房、大隐湖畔书局、傅雷图书馆店、大隐书局白玉兰店等开业时均辟有咖啡场所；最近开张的2家店——大隐书局·九棵树艺术书店、大隐书局·豫园店的咖啡经营则引进英国老牌COSTA咖啡。

咖啡经营是2018年12月开业的大夏书店主营业务之一，其品牌为"大夏书店"，深受校园师生们的喜爱。

ISBN CAFE，是中版书房首创的自有咖啡品牌，在2020年8月中版书房·奉贤店咖啡经营中使用。ISBN即书号，是出版物最重要的身份，暗示着"出版人开咖啡店"，彰显了中版咖啡与图书的天然联系。

"写茶WRITEA"是百新书局的自营品牌，于2017年5月百新书局缤谷店开业时投入使用，名字取自英文"WRITE"和"TEA"的组合，传达百新多年来在书写文化上的倡导。写茶WRITEA以现磨咖啡为主，美式、拿铁、卡布奇诺是读者最常点的饮品。

由此可见，上海本地书店的自营咖啡品牌正在培育中，一些咖啡品牌尚没有命名，一些命名的咖啡品牌在市场上还没有打响名气，还不能作为一家独立的咖啡屋或者输出咖啡品牌来运营。

（五）外省品牌书店自营咖啡品牌较为成熟

诞生于贵州遵义的西西弗书店2015年入驻上海，2015年12月在静安区大悦城开了第一家西西弗书店·矢量咖啡馆，"矢量"是既有大小又有方向的量，矢量咖啡正是特指了它向上的量，故英文名命为"UP coffee"，也有西西弗永恒向上推动的寓意。矢量咖啡馆是西西弗文化空间必不可少的部分，作为阅读体验的延伸，一杯好的咖啡，一本好书，一曲好的音乐，一次好的交流，一场淋漓尽致的文化活动都是矢量咖啡存在的意义。西西弗书店目前在上海开有19家书店，均配有矢量咖啡，咖啡价格统一。

起步于南京的大众书局的自营"纸品咖啡"创始于2012年，第一家店是坐落在大众书局上海福州路店（已歇业），读者可将书店的书籍免费带入咖啡区域，点上一份美味的咖啡和糕点，体验美好阅读享受。"纸品咖啡"标志性的"书"字拉花非常独特，符合大众书局的品牌形象。大众书局目前在上海开有8家连锁书店，其中7家为自营咖啡，1家为引进咖啡品牌。

起源于成都的言几又书店自营咖啡品牌为"言几又"咖啡，于2015年11月开业第一家书店：言几又·今日阅读·上海企业天地店中运用，言几又致力打造集实体书店、咖啡文化、文创产品、文艺沙龙、特色体验店为一体的新生活方式体验空间，每家书店都有相对独立的咖啡区和阅读空间，读者可以带着书店的样书进去阅读。言几又目前在上海开有10家连锁书店，均自营咖啡。

起航北京、具有国资背景的建投书局2014年在上海北外滩开了一家200多平方米的小三层复式书店，其自营的传记咖啡馆有相对独立的空间，透过落地玻璃幕墙直面浦江，为读者提供很好的阅读体验。

由服装大品牌"例外"创始人创立的广东方所2015年在上海开设的衡山·和集在衡山路一栋独立的小洋房内，自营The Mix-Place（衡山·和集）咖啡，咖啡吧台设在一楼，结合咖啡文化，开辟影像咖啡空间，并定期配合举办摄影展。

近十年，多家外省市连锁书店进入上海，以书店+咖啡+体验+生活方式+第三空间等多种业态综合经营，读者定位更加年轻化，自营咖啡品牌相对较为成熟，而矢量咖啡馆虽然开在西西弗书店内，场地、人员及经营都是独立的，是上海实体书店中唯一开在书店的独立咖啡馆。

（六）咖啡经营面积大，相当于一家中小型咖啡馆

受访的97家书店中，咖啡经营场地总面积约2.2万平方米，平均为230平方米。休闲座位7045个，平均每家店144个。咖啡经营场地超过100平方米的书店有76家，占总数的78%。在面积和休闲座位平均值上相当于一家中小型咖啡馆。

西西弗书店·矢量咖啡馆是唯一一家封闭型咖啡厅，其他均为混合型经营空间，咖啡场地为开放或者半开放，读者在买书之余，可以坐下来阅读，并惬意地享用咖啡。

有咖啡经营书店均以颜值为卖点，以西西弗书店为例，走进书店，深邃的黑色穹顶，辅以老上海式桥梁的钢铁结构，地面是沉静的大方块瓷砖，老报纸风格的阅读长廊，暖色光柔和地铺满每个角落，光线纵横交错地铺洒在琳琅满目的书籍上，在有限的空间里使读者拥有一种被书山环绕之感。矢量咖啡馆位置在书店内，柔软的沙发、安静的环境、美味的咖啡、温暖的格调，西西弗书店的10万余本藏书只为一杯咖啡服务。

（七）咖啡单杯三年提价2.6元

根据2017年9月—2018年12月、2019年1月1日—2021年1月1日两个调研时段咖啡价格比较，三年提价2.6元。

与美国星巴克咖啡、英国COSTA咖啡2021年1月的咖啡价格相

比，23家新开书店中杯热饮单杯价格要便宜一些，比星巴克便宜0.2元，比COSTA咖啡便宜3元，见表7-1。

表7-1 23家新开书店、星巴克、COSTA咖啡价格对比

（备注：杯型为中杯、热饮，星巴克杯型为tall） 单位：元

店名	拿铁	卡布奇诺	美式	摩卡	焦糖玛奇朵	澳白/馥芮白	意式	单杯平均价格
书店咖啡平均单价	29.7	29.2	24.4	32.1	34	28.6	19.6	28.8
星巴克咖啡	29	29	25	32	33	34	21	29
COSTA咖啡	32	32	28	35	/	/	/	31.8

高校校园书店咖啡价格相对较低，平均单价25元/杯，比23家新开书店单杯价格低3.8元。

两个调研时段的咖啡品种，2019年1月1日—2021年1月1日新开书店的品种多了花式咖啡，如焦糖玛奇朵、澳白等。手冲咖啡也纳入了很多书店的咖啡经营品类。另外，除了经营咖啡，茶饮、果汁、甜品，几乎是书店咖啡经营区菜单上的必选项。

（八）咖啡经营利润高，图书销售和服务仍是主流

91家受访书店日均销售总额19万元，平均值2093元/日。日均销售额超过2000元的有47家，占比52%。47家书店中，西西弗书店

16家、言几又7家、大众书局3家、大隐书局4家、钟书阁3家、新华传媒连锁2家、上海三联书店2家，上海外文书店、新华文创·光的空间、建投书局、大夏书店、涵芬楼阅读体验中心、复旦经世书局、读者·外滩旗舰店、云编书店等各1家。

由此可见，上海实体书店咖啡经营销售额较高，加之咖啡的成本比图书低，所产生的利润比图书高。

虽则如此，咖啡经营场地在书店占位不多，换言之，书店仍以图书陈列为主。以西西弗书店为例，图书陈列场地占比80%，咖啡馆占比15%，文创产品占比5%。西西弗书店接受调研时说，西西弗开了很多连锁门店，这个比例是恒定不变的。书店经营是一种综合业态，但书是核心内容，这是书店吸引文化消费的灵魂所在。

可见，虽然加入了咖啡餐饮、文创周边等经营业态，图书的销售和服务仍是实体书店的主流。从销售来看，图书销售占比整体较高。

十、调研建议

（一）重新认识书店经营咖啡的溢价效应

上海的咖啡文化由来已久，咖啡是上海人生活的一部分，书店+咖啡的结合可以让书店的书卷气中有一丝"烟火气"，更加融入市民的生活。

书店经营咖啡承担一个文化连接的功能，通过经营咖啡、饮品、甜品、简餐等，不仅能增加客流量，还给了读者一个歇歇脚、静下心来捧一本书，品一杯咖啡的阅读场景和体验。

书店引入咖啡，定期举办各类讲座及读书会，培养黏性客流，在集客活动当天，带动咖啡的销量，完成消费的转化。

书店引入咖啡构架了以书会友、彼此沟通的文化社交平台，人们在这里阅读、聆听、交流、感受、吸收，书店为构建人与人之间的关系，搭建了一个文化交流传播空间。

咖啡文化催生更多元城市文化潮流，读者在书店品尝一杯咖啡，阅读一本图书，可以感受到上海这所城市的文化气质和精神脉动。

（二）倡导实体书店经营咖啡、培养咖啡品牌

当下，实体书店多元融合发展是必行之路，而经营咖啡是对所融合业态的补充和完善。政府、协会应重视并倡导实体书店经营咖啡，鼓励每家书店进行个性化的咖啡经营，根据书店所处区域不同，其经济环境、社区、人群、商业设施不同，每家书店的咖啡经营都应有其独特之处，读者成为会员还是远远不够的，还应成为好朋友、好邻居，这种建立在情感连接基础上读者，才有强力的用户黏性和最牢固的壁垒。

品牌的内涵是文化，品牌展示着其代表的独特的文化魅力。西西弗书店·矢量咖啡已成为一个较为成熟的书店咖啡品牌，新华书店自营品牌、钟书阁"书痴咖啡"、大众书局"纸品咖啡"、言

几又书店"言几又咖啡"、大隐书局"大隐书局咖啡"、建投书局的"传记咖啡"、衡山·和集的"The Mix-Place咖啡"、大夏书局的"大夏书店咖啡"、中版书房的"ISBN CAFE"、百新书局的"写茶WRITEA"等正在培育中。书店的咖啡品牌文化追求的不仅仅是卖出一杯杯咖啡，还应该是让读者切实体验到咖啡品牌的活力和多元化，并且触手可及。

政府和协会应通过举办咖啡竞赛、媒体报道等多方渠道，倡导实体书店经营咖啡，培养书店的咖啡品牌。

十一、结论

随着中国年轻一代消费群体的崛起，年轻人所钟爱的新型实体书店无一不凸显"融合"特质，"书店+"模式成为特色发展的主基调。继书店+阅读、+咖啡、+文创、+休闲、+美学、+网络文化、+亲子教育、+主题分享等领域的多元业态拓展之后，"书店+"的内涵和体现不断被丰富和创新，新业态融合将成为书店的又一个突破口。

实体书店不应该只是一个书店，而应该是一个以书为媒的文化场所，具有推广全民阅读、塑造城市形象、社交、体验等多种功能，书店应搭建多元文化平台，使书店成为社区文化中心。

书店售卖图书，这是基本盘，在此基础上进行融合发展，咖啡饮品、文创、社群活动是书店多元业态的三大基础模块，应该认识到，咖啡经营是书店融合发展的重要一环。

从空间出租、引进咖啡品牌到尝试自营咖啡饮品，通过一段时间的运营，做到制作流程标准化，模式可复制、可推广，使自营咖啡品牌渐渐成熟，并可输出品牌。

通过咖啡经营使书店变得有"温度"，延长读者在书店的停留时间，增加读者发现书、与书相遇的机会，吸引更多人群，让书店成为除家和工作单位之外的第三场所。政府应鼓励实体书店经营咖啡，培育书店自有咖啡品牌。

咖啡服务标准

上海市出版物发行行业

2022年8月发布

上海市书刊发行行业协会为了实现本行业经营咖啡规范操作，满足日益增长的市场需求，依据并引用《咖啡调配师岗位技能要求（SB/T 10734-2012）》、《咖啡厅经营服务规范（SB/T 11071-2013）》，上海市地方标准《咖啡厅（馆）等级划分与评定（DB31/T 1173-2019）》等行业标准，结合上海市出版物发行行业咖啡服务特点，推出《上海市出版物发行行业咖啡服务标准》，供本行业企业在经营咖啡时予以执行，并通过企业经营实践逐步完善。

第一部分　服务规范

1 范围

本标准规定了上海市出版物发行行业所属企业经营咖啡的术语和定义、经营环境、设备设施、经营管理、卫生要求、服务人员条件、服务流程和服务礼仪规范。

2 术语和定义

下列术语和定义适用于本文件。

2.1 咖啡厅　coffee shop

以提供咖啡饮品服务为主的经营场所。

2.2 咖啡调配师　barista

从事咖啡制作、调配、服务的人员。

3 经营环境

3.1 区域基本划分为工作区和营业区。

3.2 咖啡厅应保持空气流通和适宜的温度，有应急照明设备。

3.3 室内空气质量应符合GB/T 18883的规定。

3.4 保持咖啡厅内清洁、整齐，清扫时应采用湿式作业。

3.5 咖啡厅提供用餐服务的，其厨房面积宜与营业区面积比例适当。

3.6 食（具）消毒间（室）应建在清洁、卫生、水源充足，以及远离厕所、无有害气体、无烟雾、无灰沙、无其他有毒有害品污染的地方。

3.7 符合上海市市场监督管理局要求。

4 设备设施

4.1 配备符合国家标准规定的消防设备设施、污水排放设备设施、餐具消毒设备、除尘及垃圾存放设备，保证所有设备正常运转。

4.2 有符合食品安全和卫生条件的原材料仓库。

4.3 根据实际需配备通风、调温、水处理设备。

4.4 有专用消毒后食（饮）具存放柜。

5 经营管理

5.1 有完善的经营管理制度，其中卫生管理制度健全完整，责任到人。

5.2 应建立岗位责任制和服务操作规范。

5.3 应在醒目位置悬挂企业有关资质文件（证照）。

5.4 明示营业时间、供应品种和服务项目的收费标准，并严格按明码标价执行，主动向消费者提供账单。

6 卫生要求

6.1 水质应符合GB 5749的规定。

6.2 应控制咖啡渣、餐厨垃圾等废弃物的流向，做好分类处理和回收利用工作。

6.3 咖啡厅应有防虫、防蝇、防蟑螂和防鼠害等措施。

6.4 消毒后的食（饮）具应放在专门的存放柜，避免与其他杂物混放。

6.5 洗涤剂、消毒剂应符合GB 14930.1和GB 14930.2相应规定。

7 服务人员条件

7.1 服务人员应持有健康证。

7.2 服务人员应遵守职业道德。

7.3 服务人员经培训后方可上岗。

7.4 咖啡调配师应具备SB/T 10734所规定的岗位技能要求。

8 服务流程

8.1 准备

做好营业前准备工作，包括环境、器具准备。

8.2　站位

准备工作完成后，全体员工分区站位。

8.3　接待

礼貌亲切，周到自然，主动依据消费者习惯、爱好及特殊要求，合理推荐咖啡饮品或其他饮品，服务适时适度。

8.4　出品

根据消费者点单内容制作。

8.5　服务

在服务过程中，及时满足消费者合理需求，为消费者提供相应服务。

8.6　结账

核对消费者消费情况，准确结算。

8.7　送客

提醒消费者携带随身物品，送消费者离开。

8.8　恢复台面

迅速清洁台面，重新摆台。

9　服务礼仪规范

9.1　服务人员仪表端庄、精神饱满、举止得体、面带微笑。

9.2　服务人员上岗前不应食用异味食品。工作期间，不应使用有异味的化妆品。

9.3　应尊重不同国籍、不同民族消费者的风俗习惯，注意接待礼节礼仪。

第二部分　　等级划分与等级评定

1　术语和定义

星级　star-rating

衡量咖啡厅环境、人员、服务、文化和管理水平等的综合标志。

2　基本要求

2.1　申请条件

2.1.1　经工商注册批准依法取得相关许可批件，包括但不限于食品经营许可证、工商营业执照、消防审验合格证明或消防备案证明等。

2.1.2　拟申请等级评定的咖啡厅应至少正式开业经营一年，并满足附件一中对应星级的申请条件。

2.1.3　评定前一年内，无食品安全重大违法记录，未发生人身安全等重大事故。

2.1.4　关键原辅料应具有可追溯性。

2.2　环境要求

2.2.1　装修陈设应采用绿色环保材料，整体风格舒适协调。

2.2.2　图形标识应在显著位置明示，符合GB/T

10001.1 的要求。

2.2.3　区域布局应分隔合理、功能齐全。

2.2.4　咖啡饮品加工设备、无线网络等配套设备设施应确保功能良好，满足消费者需求。

2.2.5　环境卫生应符合GB 9664的要求。

2.3　服务人员要求

2.3.1　服务人员应具备基本操作能力。

2.3.2　服务人员应注意仪容仪表，统一着装、仪表整洁。

2.3.3　服务人员应态度热情、举止端庄，耐心解答消费者问题，不做与工作无关事宜。

2.4　服务要求

2.4.1　服务人员应及时接听热线电话，准确回答消费者问题。

2.4.2　服务人员应热情问候消费者，引领消费者入座，及时提供相关服务。

2.4.3　点单收银人员应业务熟练、准确记录消费者订单信息，及时提供账单和结算服务。

2.4.4　宜提供多元化咖啡产品制作服务和个性化服务，以及除咖啡外的特色饮品和食品等服务。

2.4.5　应提供品质稳定的产品，采用优质咖啡豆、（牛）奶、（代）糖等原辅料。

2.4.6　巡台与打包时，服务人员应主动服务，及时处理消费者需求。

2.4.7　服务人员应礼貌送客，及时清理台面。

2.4.8　咖啡厅宜结合市场需求，提供在线预约、点单和外送等特色服务。

2.5　文化要求

2.5.1　应具备咖啡文化建设意识，营造咖啡主题氛围。

2.5.2　宜介绍海派文化，研发适合国人口味的咖啡产品，推广国产咖啡豆原料。

2.6　管理要求

2.6.1　应建立并实施保证食品安全管理制度。

2.6.2　应建立包含服务要求的管理目标。

2.6.3　应建立并实施贯穿于咖啡厅服务全过程的风险与应急管理机制。

2.6.4　应建立并实施消费者关系管理制度。

2.6.5　应建立并实施服务人员健康管理制度。

2.6.6　应建立并实施服务人员职业化培育规划。

3　等级划分要求

3.1　咖啡厅分为五个等级，从一星级到五星级，一星级、二星级不进行评定，起评级别最低为三星级，最高为五星级。

3.2　以五角星为咖啡厅的等级标识，以星的数量表示咖啡厅的等级。

注：三颗五角星表示三星级，以此类推。

3.3　按照第4章规定，对环境、服务人员、服务、文化、管理等具体要求满足程度进行评定，满分为100分，根据综合得分确定等级：

a）三星级：70≤得分<80；

b）四星级：80≤得分<90；

c）五星级：得分≥90。

4 等级评定要求

4.1 等级评定方法

4.1.1 等级评定申请以单店咖啡厅为单位受理，并按单店咖啡厅设备设施和提供服务的综合能力分别评定相应等级。

4.1.2 申请咖啡厅等级评定的单位应符合第2章的基本要求。

4.1.3 附件二设定满分值为100分，评分内容为明显的"是或否"判断时，可用直接判断法，判定得分或不得分。评分表中未注明直接判断的，给出基于李克特5点式量表的体验系数 α，如下：

a）远低于预期：$0 \leqslant \alpha \leqslant 0.2$ ；

b）低于预期：$0.2 < \alpha \leqslant 0.4$；

c）符合预期：$0.4 < \alpha \leqslant 0.6$；

d）高于预期：$0.6 < \alpha \leqslant 0.8$；

e）远高于预期：$0.8 < \alpha \leqslant 1.0$。

用表B.1～表B.5中给定的每一项评分内容的分值乘以该项确定的体验系数 α 后求和，得出咖啡厅等级评定评分结果。表B.1~表B.5中有不适用的内容时，应从总分中剔除该部分对应分值，按比例换算最后分值。主要可能发生的情况有：服务内容不含在线服务时，此时可不考虑表B.3 中3.7的评价要求。

4.1.4 评定等级并授牌后，如在运营中发生重大安全责任事故，上海市书刊发行行业协会将取消咖啡厅相应等级，相应等级标识将不允许继续使用。

4.2 等级评定程序

4.2.1 自评

咖啡厅对照本标准要求进行自评，根据自评结果申报相应等级。

4.2.2 第三方评定

4.2.2.1 初审

由协会成立等级评审委员会认可的第三方评定机构，实施咖啡厅等级评定。由认定的第三方评定机构对申请等级评定的咖啡厅提交的申请材料进行初审，审核其申报材料的真实性、准确性和有效性。

4.2.2.2 现场评定

初审通过后，评定机构下达评定计划和评定任务通知。由评定机构组织人员对申请等级评定的咖啡厅进行现场评定。

4.2.2.3 评定报告

评定机构应结合现场评估情况，核实咖啡厅

是否达到评定计划所列明的等级咖啡厅的各项标准，并出具评定报告。

4.2.3 审定

4.2.3.1 成立等级评审委员会，负责对评定机构初审和现场评定符合要求的各等级咖啡厅的评定情况进行审定。

4.2.3.2 由评定机构评定为五星级的咖啡厅，应在等级评审委员会会议上进行现场陈述。咖啡厅可选择5分钟影像资料演示和10分钟陈述或15分钟陈述，并接受评审委员会委员质询。

4.2.4 公示

由等级评审委员会最终确定的星级咖啡厅名单，应在相关平台（行业协会网站）以及相关媒体上公示，公示期为1个月。公示期没有任何疑义的，由等级评审委员会统一发布公告，通告星级咖啡厅。公示期内，如有对星级咖啡厅提出疑义的，应由等级评审委员会做出是否进行材料补充、现场评定或取消星级等决定。

4.2.5 授牌

由等级评审委员会统一向星级咖啡厅颁发咖啡厅等级评定牌匾及证书。

附件一：

咖啡厅等级评定分级申请条件

A.1 申请三星级咖啡厅应满足以下条件：

a）吧台面积不少于5㎡，使用集成式咖啡制作设备时，可酌情减少吧台面积，以满足操作需求为宜；

b）营业面积不少于25㎡；

c）配备商业级别咖啡机、咖啡磨豆机；

d）提供7种以上咖啡，提供冷、热两种咖啡饮用服务；

e）提供3种以上除咖啡外饮品；

f）提供3种以上主食与小食；

g）专职服务人员占总服务人员的比例不少于30%，其中经过专业培训的咖啡师不少于1名。

A.2 申请四星级咖啡应满足以下条件：

a）吧台面积不少于10㎡，使用集成式咖啡制作设备时，可酌情减少吧台面积，以满足操作需求为宜；

b）营业面积不少于50㎡；

c）配备全自动咖啡机或意式半自动咖啡机、咖啡磨豆机、滤水设备、软水设备；

d）提供10种以上咖啡，提供冷、热两种咖啡饮用服务；

e）提供5种以上除咖啡外饮品；

f）提供5种以上主食与小食；

g）专职服务人员占总服务人员的比例不少于50%，其中经过专业培训的咖啡师不少于2名；

h）服务功能区齐全，能提供个性化服务和关怀性服务，如预约服务、活动定制、儿童餐椅提供等；

i）提供手工冲煮咖啡服务，并介绍所冲煮咖啡的特点与最适宜的饮用方式；

j）建立和实施质量管理体系，可参照GB/T 19001。

A.3 申请五星级咖啡厅应满足以下条件：

a）吧台的面积不少于20㎡，使用集成式咖啡制作设备时，可酌情减少吧台面积，以满足操作需求为宜；

b）营业面积不少于100㎡；

c）配备意式半自动咖啡机、咖啡磨豆机、虹吸壶、滤水设备、软水设备；

d）提供15种以上咖啡，提供冷、热两种咖啡饮用服务；

e）提供10种以上除咖啡外饮品；

f）提供10种以上主食与小食；

g）专职服务人员占总服务人员的比例不少于60%，其中经过专业培训的咖啡师不少于3名；

h）服务功能区齐全，能提供个性化服务和关怀性服务，如预约服务、活动定制、儿童餐椅提供等；

i）提供手工冲煮咖啡服务，并介绍所冲煮咖啡的特点与最适宜的饮用方式；

j）至少通过GB/T 19001、GB/T 22000、GB/T 27306、GB/T 27341或RB/T 309 中一项第三方认证；

k）编写并发布社会责任报告，可按照GB/T 36000和GB/T 36001的规定编写。

咖啡厅等级评定评分表

表B.1~表B.5给出了咖啡厅等级评定分项评分的项目、内容、分值和评分说明。

表B.1给出了咖啡厅环境评分的项目、内容、分值和评分说明。

表B.1 咖啡厅环境评分表

序号	评价子项目（分值）	评价内容	给定分值	评分说明
1	1.1 装修陈设（5.0）	1.1.1 门面设计精美、装修精细，店招醒目有特色，连锁经营企业应在店招处注明。	1	直接判断

序号	评价子项目（分值）	评价内容	给定分值	评分说明
2		1.1.2 室内装修采用绿色环保材料，整体风格统一、特点突出。	1	采用环保材料（可依据相关环境质量检测报告）得0.5分，设计和装修情况为0.5分
3		11.3 功能照明、重点照明、氛围照明和谐统一。	0.5	直接判断
4		1.1.4 有符合书店主题、提升书店形象的装饰品或艺术品，宜使用绿植点缀空间。	1	直接判断
5		1.1.5 桌椅材质绿色环保、舒适度良好，与整体风格协调。桌椅摆放整齐，保证过道畅通。	1.5	材质0.5分，舒适度0.5分，整齐摆放、过道畅通0.5分
6	1.2 图形标识（3.5）	1.2.1 应在咖啡厅显著位置明示工商营业执照、餐饮服务许可证/食品经营许可证等证照，以及当地监管部门要求的其他标识。	1	直接判断

序号	评价子项目（分值）	评价内容	给定分值	评分说明
7		1.2.2 应设置公用图形、导向性标识和消费者导视牌，包括但不限于： a）节约消费，杜绝浪费，文明就餐； b）禁止吸烟； c）服务状态标识。	1.5	直接判断，每项0.5分
8		1.2.3 应在显著位置注明营业时间和欢迎用语。	0.5	直接判断
9		1.2.4 咖啡厅图形标志无灰尘，无污迹，符合GB/T 10001.1的要求。	0.5	直接判断
10	1.3 区域布局（5.0）	1.3.1 区域布局分隔合理，功能齐全，流程便捷。	1	直接判断，布局合理0.4分，功能齐全0.3分，流程便捷0.3分
11		1.3.2 点单区空间合理，菜单清晰，兼有中英文。	1	直接判断，空间合理0.5分，菜单清晰0.3分，兼有中英文0.2分

序号	评价子项目（分值）	评价内容	给定分值	评分说明
12		1.3.3 商品展示区应明码标价，整齐、美观，主题风格突出。	1	直接判断，明码标价0.5分，整齐美观0.3分，风格突出0.2分
13		1.3.4 操作台干净整洁，原料、工具、客用器具标识清楚规范，消毒、冷藏、冷冻、保鲜设备运转正常。	1	干净整洁0.3分，有标识0.2分，设备正常0.5分
14		1.3.5 商务区、多功能区应具备一定隔断，并提供多媒体显示系统、A/V系统等设施。	1	分区有隔断0.5分，有多媒体设施并运行良好0.5分
15	1.4 配套设施（6.0）	1.4.1 咖啡、饮品、食品制作区域应清洁并可视，设施设备数量满足要求并运转良好。	3	制作区域1.5，设施设备1.5分
16		1.4.2 应提供稳定、有效的无线网络。	2	有无线网络1.0分，网络稳定有效 1.0分

序号	评价子项目（分值）	评价内容	给定分值	评分说明
17		1.4.3 提供功能良好自助设备，满足消费者点单取号等需求。	1	直接判断
18		1.5.1 空气清新无异味，通风良好，无吸烟痕迹。	1	直接判断
19	1.5 环境卫生（5.5）	1.5.2 地面无污迹，无异味，干净光亮，无杂物。	1	直接判断
20		1.5.3 天花板和墙面无蜘蛛网，无污迹。	1	直接判断
21		1.5.4 门窗玻璃明亮，无灰尘，窗帘无污迹。	1	直接判断
22		1.5.5 室内温度应控制在冬季18℃~20℃，夏季24℃~26℃。	1	直接判断

序号	评价子项目（分值）	评价内容	给定分值	评分说明
23		1.5.6 宜提供音质良好，符合咖啡厅主题的背景音乐，1小时内曲目不宜重复，音量宜略低于环境噪声。	0.5	直接判断
总分		—	25	—

表B.2给出了咖啡厅服务人员评分的项目、内容、分值和评分说明。

表B.2 咖啡厅服务人员评分表

序号	评价子项目（分值）	评价内容	给定分值	评分说明
1	2.1资质（7.0）	2.1.1 服务人员应持有健康证。	1	直接判断
2		2.1.2 新员工应经过食品安全卫生、业务技能、消防安全等方面的培训，并经评价合格，其中关于咖啡制作的培训不少于总培训时长的70%。	2	直接判断
3		2.1.3 咖啡师应掌握咖啡制作、打（牛）奶泡、拉花、手冲等多元化咖啡冲煮技术，熟悉咖啡设备的使用与维护，对咖啡豆和咖啡文化有了解和认知。	3	咖啡技能2.0分，咖啡知识1.0分
4		2.1.4 至少有一名员工能用外语接待消费者，意思表达清楚准确。	1	直接判断

218

序号	评价子项目（分值）	评价内容	给定分值	评分说明
5	2.2 仪容仪表（3.0）	2.2.1 服务人员应统一着装，佩戴服务标牌，工作制服清洁、得体。	1	直接判断
6		2.2.2 服务人员应仪表整洁，不留长指甲，不涂指甲油，不喷香水。	1	直接判断
7		2.2.3 服务人员不应佩戴易脱落或易干扰操作的饰物，长发须盘起，头发不可遮挡视线。	1	直接判断
8	2.3 服务态度（5.0）	2.3.1 服务人员应精神饱满，微笑服务，有问有答，服务主动热情。	2	直接判断
9		2.3.2 服务人员应举止端庄，规范用语，文明待客，站姿、手势、坐姿、行姿符合接待礼仪。	1	直接判断

序号	评价子项目（分值）	评价内容	给定分值	评分说明
10		2.3.3 服务人员应耐心解答消费者提出的问题，不推诿、不应付。	1	直接判断
11		2.3.4 服务人员不应扎堆聊天、嬉笑打闹、高声喧哗、处理与工作无关事宜。	1	直接判断
总分		—	15	—

表B.3给出了咖啡厅服务评分的项目、内容、分值和评分说明。

表B.3 咖啡厅服务评分表

序号	评价子项目（分值）	评价内容	给定分值	评分说明
1	3.1 预订接待 （5.0）	3.1.1 应提供服务热线，并确保响铃三声（或10秒内）接通。接线员应先问候消费者。	1	直接判断，接通时间0.5分，接线员问候0.5分
2		3.1.2 服务人员应准确回答咖啡厅特色、场地规格、预定情况、收费标准等常见问询内容，态度温和耐心。	1	直接判断
3		3.1.3 应具有接待团体消费者（人数≥20）的能力（人员、场所、方案策划）。	0.8	直接判断
4		3.1.4 如收取消费者缴纳的订金，应提供订金收据。	0.5	直接判断

序号	评价子项目（分值）	评价内容	给定分值	评分说明
5		3.1.5 应提前与消费者确认预订，若有变更，应及时处理。	0.5	直接判断
6		3.1.6 服务人员应准确记录并复述确认预定信息，内容包括但不限于： a) 时间与人数； b) 预订人姓名、联系电话； c) 预留的桌号等信息； d) 预订活动的形式与要求（如会议、演艺、生日会等活动的配套服务和设施设备）； e) 预订的饮品、餐点及相关要求； f) 收费标准及付款方式。	1.2	直接判断，每项0.2分
7	3.2 迎宾入座（3.0）	3.2.1 服务人员应敬语问候、服务热情、用语规范，并及时回答消费者的询问。	1	直接判断

序号	评价子项目（分值）	评价内容	给定分值	评分说明
8		3.2.2 应根据消费者的特殊情况或需求，及时提供关怀性服务，如生日礼遇、儿童椅、儿童餐具等。	1.5	直接判断
9		3.2.3 应提供免费饮用水服务。	0.5	直接判断
10	3.3 点单收银（4.0）	3.3.1 服务人员应业务熟练、口齿清晰、专业知识丰富，对消费者所点饮品提出合理建议。	1	直接判断
11		3.3.2 服务人员应准确记录点单内容并和消费者确认，主动询问消费者对饮品加（代）糖、冷热以及餐品口味等的需求，准确记录并传达。	1	直接判断
12		3.3.3 消费者要求结账后，应及时提供账单，用消费者能听见为限的声音唱收唱支，并提供便捷、多样化的结账方式。	1.5	直接判断

223

序号	评价子项目（分值）	评价内容	给定分值	评分说明
13		3.3.4 应按规定开具发票。	0.5	直接判断
14		3.4.1 应提供多元化咖啡产品制作服务及除咖啡外的特色饮品和食品服务。	2	直接判断
15		3.4.2 应在下单后10分钟内呈上咖啡等饮品，15分钟内呈上小食等，并与消费者确认。	2	直接判断
16	3.4 现场冲煮与制作（10.0）	3.4.3 应提供咖啡厅个性化服务，如咖啡拉测活动、咖啡冲煮表演、指定咖啡师等。	2	直接判断
17		3.4.4 应使用高品质咖啡豆，保证出品稳定。	2	直接判断
18		3.4.5 应使用适宜咖啡冲煮的高品质（牛）奶。	1	直接判断
19		3.4.6 应提供（代）糖等咖啡配料包和饮、食辅助器具。	1	直接判断

序号	评价子项目（分值）	评价内容	给定分值	评分说明
20	3.5 巡台与打包（3.0）	3.5.1 服务人员应主动倒水，清理台面。	1	直接判断
21		3.5.2 服务人员应及时响应消费者需求，有问必答，并及时处理。	1	直接判断
22		3.5.3 服务人员应根据消费者要求，分类打包。打包盒材料应符合卫生和环境标准要求。	1	直接判断
23	3.6 送客与收台（2.0）	3.6.1 服务人员应主动询问消费者意见，并提醒消费者带好随身物品，再次致谢。	1	直接判断
24		3.6.2 消费者离座后，服务人员应及时清理台面，撤台应迅速、安静、规范、不影响周围消费者。	1	直接判断
总分		—	27.0	—

表B.4给出了咖啡厅文化氛围评分的内容、分值和评分说明。

表B.4 咖啡厅文化氛围评分表

序号	评价内容	给定分值	评分说明
1	4.1 应提供咖啡产地、历史、品种、加工工艺、饮用方式、品鉴等方面的展示和宣传材料。	2	直接判断
2	4.2 咖啡厅设计和装饰应与咖啡主题文化一致，介绍海派咖啡文化。	2	直接判断
3	4.3 咖啡厅各类用品应设计精美，做工精致，体现品质生活。	2	直接判断
4	4.4 应根据消费者需求，熟练介绍咖啡饮品类别和特点。	1	直接判断
5	4.5 应有多名熟练操作的咖啡师，可提供具有表演价值的咖啡冲煮，推荐烘培使用国产豆。	3	直接判断
总分		10	—

表B.5给出了咖啡厅管理评分的内容、分值和评分说明。

表B.5 咖啡厅管理评分表

序号	评价内容	给定分值	评分说明
1	5.1 应建立并实施保障食品安全管理制度，包括但不限于： a）设置食品安全管理的专门机构，并配备专兼职食品安全管理人员； b）加工经营场所及设施设备清洁、消毒和维修保养制度； c）关键环节操作规程，包括食品采购管理、原铺料管理、咖啡制作、餐饮品加工、餐饮用具消毒等过程； d）建立产品追溯程序； e）餐厨废弃物处置管理制度、食品安全管理定期评估制度。	7	直接判断，每项1.4分

序号	评价内容	给定分值	评分说明
2	5.2　应制定并实施服务人员健康管理制度，包括但不限于： a）建立员工健康档案，统一管理员工健康证信息，及时通知换证； b）每年进行一次健康检查，必要时进行临时健康检查； c）患有有碍食品安全疾病的人员，不得从事接触直接入口食品的工作； d）建立每日晨检制度，发现有碍食品安全病症的人员，应立即离开工作岗位，询问和检查应做好记录。	2	直接判断，每项0.5分
3	5.3　应建立并实施贯穿于咖啡厅服务全过程的风险与应急管理机制，包括但不限于： a）识别、分析各种潜在风险，针对不同风险类型制定相应的解决方案； b）制定处理各种服务异常情况的应急预案；异常情况包括但不限于：食品安全事故、消防事故、社会治安事件、供电故障等；制定安全保障措施，保护消费者的人身、财产安全； c）对相关人员进行应急预案的培训，定期进行模拟演练。	3	直接判断，每项1.0分

序号	评价内容	给定分值	评分说明
4	5.4 应建立包含了服务要求的管理目标，包括但不限于： a）餐饮品感官性状标准率达标不低于95%； b）投诉处理率达到100%； c）消费者满意率不低于85%； d）员工满意率不低于85%。	6	直接判断，每项1.5分
5	5.5 应建立并实施客户关系管理制度，包括但不限于： a）为不同类型的客户制定差异化的客户关系维护方案； b）在合理期限或承诺的期限内完成投诉处理，并及时向投诉者反馈； c）制定服务补救和改进措施。	3	直接判断，每项1.0分
6	5.6 应制定并实施服务人员职业化培育规划，包括但不限于： a）参加咖啡相关技能大赛的人次不低于10%； b）建立人才培养计划，培训经费比率占营业收入的2%及以上； c）建立员工激励机制和信息交流机制； d）建立并实施员工满意度定期测评制度。	2	直接判断，每项0.5分
总分		23	—

第三部分　咖啡调配师岗位技能

1 术语和定义

下列术语和定义适用于本文件

1.1

咖啡豆　coffee beans

咖啡树果实中去掉羊皮纸的籽。

1.2

咖啡品种　coffee variety

咖啡的原生木本种属，如阿拉比卡、罗布斯塔和利比里卡等。

1.3

单品咖啡　single origin coffee

产地咖啡，大多数以原产地的地名来命名。

1.4

拼配咖啡　blended coffee

两种或两种以上不同地域的咖啡豆拼配而成。

1.5

精选咖啡　specialty coffee

来自同一产地同一小气候种植的咖啡，用手工选摘并实施精细加工的咖啡。

1.6

速溶咖啡　instant coffee ; soluble coffee

运用加工工艺，使咖啡提取物的水分去除，并将咖啡溶水部分进行凝固干燥，达到即冲即饮的功能。

1.7

意式浓缩咖啡　espresso

通过高温高压且快速的方法制作出的咖啡，通常出品是以"份"（shot）来计算。

1.8

花式咖啡　signature beverage coffee

在咖啡中加入可食用的配料并不失咖啡味道的饮品。

2　基本要求

2.1　基本文化程度

初级咖啡调配师应具备或者相当于初中毕业以上文化程度。

中级咖啡调配师应具备或者相当于高中毕业以上文化程度。

高级咖啡调配师应具备或者相当于大专毕业以上文化程度。

2.2　职业能力特征

应具有色觉、味觉、嗅觉等能力，手指、手臂灵活，动作协调性高，语言表达能力强。

3　相关法律法规知识

3.1　掌握《中华人民共和国食品卫生法》的基本知识。

3.2　掌握《中华人民共和国劳动合同法》的基本知识。

3.3　掌握《中华人民共和国消费者权益保障法》的基本知识。

3.4　掌握安全生产基本知识。

4 知识和技能要求

4.1 基本知识

    4.1.1 应了解中外饮食文化

    4.1.2 应掌握职业道德、职场礼仪的相关知识。

4.2 咖啡的基本常识

    4.2.1 应了解咖啡的历史。

    4.2.2 应了解咖啡豆的生长地带和种植。

    4.2.3 应了解咖啡豆的采摘与加工。

    4.2.4 应了解咖啡豆的保管与运输。

    4.2.5 应了解咖啡豆烘焙与研磨。

    4.2.6 应了解判断新鲜与烘焙程度的知识。

    4.2.7 应了解咖啡包装与存放的相关知识。

    4.2.8 应了解咖啡的饮用常识。

4.3 咖啡服务

    4.3.1 应了解接待服务相关知识。

    4.3.2 应了解席间服务的流程。

    4.3.3 应掌握销售的相关知识。

4.4 岗位技能要求

    4.4.1 应能够准确判断咖啡豆的新鲜程度。

    4.4.2 应能够掌握接待服务的技巧。

    4.4.3 应能够掌握席间服务的技巧。

    4.4.4 应能够掌握销售的技巧。

5 初级咖啡调配师

除了掌握第3、4章知识和技能外，还应掌握以下知识和技能。

5.1 专业知识

5.1.1 应熟悉营业前准备流程。

5.1.2 应熟悉结束日营业的流程。

5.1.3 应掌握菜单内容及饮品的英文名称。

5.1.4 应了解咖啡产地的常识。

5.1.5 应了解不同种类的咖啡研磨机的使用方法。

5.1.6 应了解咖啡器具及咖啡机的使用方法。

5.1.7 应了解咖啡机及咖啡器具的结构。

5.2 技能要求

5.2.1 应能够正确使用咖啡研磨器具。

5.2.2 应能够使用咖啡制作设备及器具。

5.2.3 应能够按照菜单标准制作咖啡饮品。

5.2.4 应能够按照营业需求准备主辅料。

5.2.5 应能够正确清洁、整理咖啡器具。

6 中级咖啡调配师

除了应具备初级咖啡调配师的知识和技能外，还应掌握以下知识和技能。

6.1 专业知识

6.1.1 应熟悉咖啡机的种类、工作原理及意式浓缩咖啡的制作方法。

6.1.2 应了解水质、水温、时间、研磨、设备等因素对咖啡的影响。

6.1.3 应熟知物料盘点的方法。

6.1.4 应了解奶沫的制作方法。

6.1.5 应了解咖啡搭配食物的方法。

6.2 技能要求

6.2.1 应能够区分阿拉比卡和罗布斯塔咖啡豆。

6.2.2 应具备良好的沟通能力。

6.2.3 应能够调整咖啡研磨机并控制研磨颗粒度及出粉量。

6.2.4 应能够调节压力式、过滤式咖啡机的参数。

6.2.5 应能够根据咖啡的特性，选择器具设备及调整制作方法。

6.2.6 应能够使用各种水处理装置净化、软化水质并对装置进行正确保养。

6.2.7 应能够保证咖啡的出品质量，并且熟练运用咖啡辅料。

6.2.8 应能够制作常见的花式咖啡。

6.2.9 应能够进行物料盘点。

6.2.10 应能够用基本服务英语为消费者服务。

6.2.11 应能够制作标准意式浓缩咖啡。

7 高级咖啡调配师

7.1 专业知识

7.1.1 应掌握咖啡豆的采购常识。

7.1.2 应掌握咖啡出品质量控制的基本常识。

7.1.3 应掌握创意咖啡的相关要求。

7.1.4 应掌握初、中级咖啡师技能培训的相关知识。

7.1.5 应熟悉操作区的工作流程、营业区的布局及营销策略的相关知识。

7.1.6 应掌握吧台日常管理流程、成本控制与核算的相关知识。

7.1.7 应掌握咖啡烘焙相关知识。

7.1.8 应掌握咖啡杯测基本方法。

7.2 技能要求

7.2.1 应能够根据不同产地、等级、品质的咖啡实施采购。

7.2.2 应能够创新咖啡饮品，根据流行趋势，编制新的饮品单并能进行解读。

7.2.3 应能够编写培训讲义，组织实施培训初、中级咖啡调配师。

7.2.4 应能够处理突发事件，具备良好的职业素养和沟通能力。

7.2.5 应能够设计营销方案，带领团队实施。

7.2.6 应能够制作拉花。

7.2.7 应能够判断咖啡设备常见故障的原因。

7.2.8 应能够制定并修正管理制度，控制原料的合理库存量。

7.2.9 应能够使用小型咖啡焙炒机。

8 培训、考核及证书发放

8.1 初级咖啡调配师应分别符合第2章、第3章、第4章和第5章要求。

8.2 中级咖啡调配师应分别符合第2章、第3章、第4章和第6章要求。

8.3 高级咖啡调配师应分别符合第2章、第3章、第4章和第7章要求。

8.4 培训、考核和证书发放具体应满足附件三要求。

9 咖啡调配师培训要求

9.1 培训课程

咖啡调配师指定教程。

9.2 培训学时

全日制职业学校教育，根据其培养目标和教学计划确定。晋级培训期限：初级不少于80标准学时；中级不少于90标准学时；高级不少于60标准学时。

9.3 培训教师

持有咖啡调配师培训师资格证书的人员担任

9.4 培训场地设备

应满足职业培训需要的标准教室。模拟培训场地布局合理，设备、设施齐全。

10 考评员

10.1 咖啡调配师资格认定实行考评员制度。考评员应经专业培训与考核，取得资格证书。

10.2 考评员分为考评员和高级考评员两个等级。

10.3 考评员可承担初级、中级咖啡调配师的理论和实操的考评；高级考评员可承担所有级别咖啡调配师的理论和实操的考评工作。

10.4 考评员需遵守考评员工作守则，考评工作接受行业监督与管理。

附件三：

培训、考核及证书发放

A.1 理论培训

——初级不少于80学时；

——中级不少于90学时；

——高级不少于60学时。

A.2 培训教师

持有咖啡调配师培训师资格证书的人员担任。

A.3 考核

A.3.1 笔试

初、中、高级咖啡调配师考核须分别包括标准中第3章、第4章、第5章、第6章和第7章中关于知识的内容。笔试实行百分制，成绩达60分及以上者为合格。考试时间为90分钟。

A.3.2 实际操作考核

初、中、高级咖啡调配师考核须分别包括标准中第4章、第5章、第6章和第7章中关于技能要求的内容。考核采取百分制，成绩达60分及以上者为合格。考试时间为30分钟。

A.4 咖啡调配师证书

A.4.1 学员通过初级课程的学习，经考核合格后，即可以申请获得初级咖啡调配师证书，持证上岗。

A.4.2　具备以下条件之一者，可申请取得中级咖啡调配师证书：

A.4.2.1　初级咖啡调配师需在本岗位连续工作至少2年以上，全面掌握和灵活运用初级咖啡调配师知识和技能，依据本标准中级咖啡调配师的要求，经培训、考核合格者，可以申请获得中级咖啡调配师证书，持证上岗。

A.4.2.2　连续从事本岗位工作4年以上，经考核合格者，可申请中级咖啡调配师证书，持证上岗。

A.4.3　具备以下条件之一者，可申请取得高级咖啡调配师证书：

A.4.3.1　中级咖啡调配师需在本岗位连续工作至少满3年以上，全面掌握和灵活运用初、中级咖啡调配师知识和技能，有一定岗位或服务管理能力和良好的沟通、应变能力，依据本标准高级咖啡调配师的要求，经培训、考核合格者，可以申请获得高级咖啡调配师证书，持证上岗。

A.4.3.2　连续从事本岗位工作7年以上，经考核合格者，可申请高级咖啡调配师证书，持证上岗。

参考文献

1、SB／T 10734—2012　咖啡调配师岗位技能要求

2、SB／T 11071—2013　咖啡厅经营服务规范

3、DB31／T 1173—2019　咖啡厅（馆）等级划分与评定

题　记

◎ 文 / 汪耀华

近年来，上海新开书店以高颜值、高体验感、高附加值的多元化形态亮相，咖啡经营成为"书店+"模式的基础业态，成为书店融合经营的"标配"。书店的咖啡经营从最初的场地出租、引进咖啡品牌，到尝试自营咖啡饮品、建立自有品牌，通过一系列的运营后，咖啡已经成为书店经营的一个新的赢利板块。为了推进咖啡制作流程标准化，模式可复制、可推广，培养书店自营咖啡品牌，上海市书刊发行行业协会自2021年上海咖啡文化周期间开始酝酿建立出版物发行行业咖啡专业服务标准。

2021年6月，上海市书刊发行行业协会在长三角咖啡协会的支持和广泛调查的基础上，依据国家、上海指定的咖啡经营服务规范等标准，结合上海市出版物发行行业咖啡服务特点，拟定了《上海市出版物发行行业咖啡服务标准》（初稿）。

同年12月，上海市书刊发行行业协会举行《上海市出版物发行行业咖啡服务标准》（讨论稿）业内座谈会。与会者对《标准》逐条进行了讨论并递交了各自的修订意见。经过研讨汇总成《上海市出版物发行行业咖啡服务标准》（初定稿）。

2022年3—5月期间，通过线上交流，协会分别与咖啡从业人员、行业管理人员，以及咖啡经营行业专家、研究人员等进行了多次研讨，在征询各方意见后形成审定稿。

2022年8月15日，举行了《上海市出版物发行行业咖啡服务标准》（审定稿）审定会。与会专家认为，审定稿具有较完整的标准性、指导性和可操作性，符合出版物发行行业业态的实际情况。内容覆盖范围全面、表述明确，涉及经营全流程各环节，对发行行业与咖啡业态的进一步融合发展具有重要的意义。关于服务规范、等级划分与等级评定、咖啡调配师岗位技能的相关表述、要求的规定，综合考虑了咖啡服务与书店环境的详细要求，标准内容详实、规定明确，为发行行业咖啡服务制定了可行性很强的可依据的规范和标准。对书店的咖啡业务提供了自查自纠、发展方向的具体指导，一方面可以规范行业标准，形成良好的市场口碑和形象，同时也为书店提供了新的发展机会和可能性。咖啡行业专家、讲师表示，审定稿对应上海作为全球咖啡馆最多的城市地位，结合书店咖啡经营已是标配这一行业特点，涵盖了书店咖啡厅的环境、设备、人员及管理等各个层面的内容及要求；标准的评定流程清晰简单、细致严谨；标准的等级划分采用打分制，直观、公证，且易于评判；标准的评审内容非常专业，尤其对卫生的要求非常严格。《标准》严谨、专业，可操作性、推广性强。《标准》目录分类清晰，内容充实、规范且附加实际参考标准，富有时代特色，范围涵盖广，非常值得行业内外学习。与会者从不同视角对文本进行了讨论，撰写了评审意见，一致认为审定稿稍作修改即可予以公布，这对提升上海出版物发行行业咖啡业态的快速发展起到积极的支撑作用，对推动品牌实体书店的融合发展具有重要价值。

8月18日，在2022上海咖啡文化周"啡尝上海·不负热爱——咖香书香在上海"活动闭幕日，上海市书刊发行行业协会发布了《上海市出版物发行行业咖啡服务标准》。

《上海市出版物发行行业咖啡服务标准》由服务规范、等级划分与等级评定、咖啡调配师岗位技能等三个部分组成，共23款170条细则，界定了上海市出版物发行业所属企业经营咖啡的术语和定义、经营环境、设备设施、经营管理、卫生要求、服务人员条件、服务流程和服务礼仪规范、咖啡馆等级划分与等级评定、咖啡调配师岗位技能要求等内容，包括《咖啡厅等级评定分级申请条件》《咖啡厅等级评定评分表》《培训、考核及证书发放》等三个附件，具有较强的可操作性，为书店经营咖啡提供了行业标准，为上海打造"咖啡城市名片"贡献上海市出版物发行业的一分力量。

作为中国出版物发行业首个咖啡专业服务标准，《上海市出版物发行行业咖啡服务标准》对于推进、引领行业咖啡经营和服务标准化的整体水平，培养行业咖啡标准化人才，提升实体书店品牌影响力，推进书店融合发展等方面将起到积极作用。

《上海市出版物发行行业咖啡服务标准》由汪耀华、丁山、王雪明、李庙林、陈慧等同志组成工作小组执行。上海市书刊发行行业协会会长李爽全程指导。忻愈、顾斌、江利、冯洁、孙慧珺、张晓玲、陈慧、陈嘉悦等参加了审定，徐利华、丁肖庆、叶楠、伦久春、黄波、张超、王宇等参加了讨论。

特别感谢中华人民共和国国内贸易行业标准《咖啡调配师岗位技能要求（SB/T 10734-2012）》《咖啡厅经营服务规范（SB/T 11071-2013）》，上海市地方标准《咖啡厅（馆）等级划分与评定（DB31/T 1173-2019）》的起草者等前贤。

2022年9月20日

后记

汪耀华

咖啡是一种舶来品，1853年英国人莱维林将它带入上海并在花园弄（今南京东路）的老德记药房出售，上海人称为"咳嗽药水"。

1866年，上海第一家咖啡馆"虹口咖啡馆"开业，目标消费者是航海人员，那里不仅供应咖啡，还出售各式啤酒，类似现在的酒吧。

1958年，上海出现了一个后来被称为名牌的上海牌咖啡，一种227克一听的罐装咖啡，磨成粉的咖啡被真空封罐，用薄薄的锡纸密封着。撕开锡纸，咖啡香味扑面而来。为了显示腔调，很多人即便喝完了也要把铁罐放在家中玻璃柜的显眼位置，虽然不及麦乳精那样普及，但更是一种时尚。

这罐咖啡在此后的二十年间，占据了中国咖啡市场的绝大部分江山，上海滩但凡有卖咖啡的，全是出自上海咖啡厂。甚至这种咖啡成为全国咖啡馆、宾馆的唯一咖啡。

之后，上海咖啡厂又出产了低成本的"咖啡

茶"，是将品质一般的咖啡豆研磨成细粉，在模子里铺上一层层的糖粉和咖啡粉，压实烘干后切成小块包装。如同后来的速溶咖啡一样直接放一块进滚水里，味道还是有的。

在没有各种咖啡器具的年代，少数曾经迷上咖啡的上海人直接用纱布包着咖啡粉，放在钢精锅子里用开水煮。一些人偏爱加砂糖或加炼乳，用麦乳精"调一调"。

伴随着改革开放，雀巢速溶咖啡铺天盖地地来了，各种层级的商店、超市、便利店都将此作为主打商品，使之成为现在的咖啡品尝者的启蒙。雀巢咖啡加咖啡伴侣的"滴滴香浓，意犹未尽"，人们虽然只是居家品尝，但依然在中国大地播下了咖啡作为一种饮品、一种文化的理念。

后来，上岛、星巴克开始占地设座大规模开展堂饮了。"上岛咖啡"由日本人引到中国台湾，2001年8月，上岛把总部迁往上海。拓展一种兼具咖啡、简餐的生活模式。

世纪之交，星巴克来到了上海。1971年诞生的星巴克提供的现磨现煮咖啡就更加令人向往。于是，排队买单入座品咖聊天谈事或者举一杯咖啡匆匆行走在马路上，也有了吸睛的功效。

2021年，美团发布《上海咖啡消费地图》，上海已有6545家咖啡馆，数量在全球排名第一。各式各样的特色咖啡馆如雨后春笋一般冒出，甚至是纽约的三倍之多，不仅多于米店还多于银行，散落在大街小巷、商场楼宇……

20世纪80年代之后，中央商场附近的"沙市小壶咖啡"、德大西菜社、东海咖啡馆，南京西路的"凯司令"，南京西路铜仁路口的上海咖啡馆，淮海中路"天鹅阁"、淮海西菜社都是咖啡文化的推手，咖啡加西餐，更是成为上海人的一种生活享受。

东海咖啡馆，应该不是我喝的第一杯咖啡的所在。东海的前身是苏籍犹太人1934年开设的马尔斯（Mars）咖啡馆，专营俄国大菜、罗宋汤等。1954年，犹太老板回国后，咖啡馆改东海饭店，1988年改称东海咖啡馆，经营咖啡、西点、兼营西菜。红烩牛肉1元1角，炸猪排1元8角，浓汤2角7分，餐包6分。即使到了2007年，这里的咖啡也只卖10元一杯，很多老上海天天报到。2007年，"东海"暂停营业。2020年5月，在滇池路重开，成为老上海人的"打卡地"。

想来，我喝咳嗽药水的时间比喝咖啡多，有非那根、桔子糖浆等，但以总量而言，三十多年的咖啡经历总结是咖啡比咳嗽药水喝得多。我结婚的时候，同事送我一套咖啡杯具，后来又集了12生肖的雀巢咖啡杯，这些现在还在，不过已显得有些多余了。我有一位同学曾是东海咖啡馆经理，于是，去东海喝咖啡品西餐也就不是一次两次的事了。在德大品尝西餐也是从谈朋友时就开始了，后来东海与德大合并，德大开到南京西路，也去过一两次。

我曾配置过简易的咖啡机，但总觉得自己煮咖啡有些麻烦，直到现在居家还是以速溶咖啡为主，似乎更简单些。

书店+咖啡，现在已经成为彰显上海文化特色的一种好景观。

这种态势的形成和标配，对于城市的整体咖啡指数的提升自然有贡献并且是一个不可或缺的组成部分。

若干年前，书店是没有咖啡香的。作为单独的卖书空间，书店先是引入了音像制品和文教用品，这与书搭配成为书店在改革开放之初的经营"三合一"混合经营的模式。后来，音像制品被咖啡、简餐代替，文教用品被文创产品代替，成为书店新一轮"三合一"的组合套式。

书店经营咖啡，就近而言，应该是1998年12月30日开业的上海书城，在一层引进台湾东华书局马可孛罗开设的兼有面包、简餐、咖啡的空间，亮堂的环境、喷香的味道、亲民的价格使这里的咖啡随着风吹而飘进店堂，多年后马可孛罗撤退、星巴克登场二楼，书城的多个层面摆放着自动咖啡机……

上海书城自从开业以来，一直是书业的标杆。店里有咖啡经营也是书城给业者提供的一个样本。

书店+咖啡的结合从上海书城开业引进台湾书店的多元经营开始，当西西弗、大众书局等全国品牌书店自营咖啡或作为一种组合配置时，迅速成为差别化经营的一种标志；钟书阁、大隐书局、光的空间、朵云书院等开业时，咖啡已经成为一种标配。而今，新开业的书店除了在商厦里被已存在的咖啡店排斥外，经营咖啡成为一种需求、一种必备的符号。咖啡与书的混合，营造了一杯咖啡一本书坐半天的氛围。作为"第三空间"，书店的咖啡区域也成了办公、座谈、等候、交流乃至"面试"的场地。

一个城市，因为有着众多的咖啡店，包括书店里的咖啡店，使得这个城市的味道更加丰富。当然，这种味道也可能夹带着龙井、甜品、奶茶乃至其他饮品。

书店+咖啡，使得书店的存在价值更加多元、生存空间也有所延伸，使之在城市公共空间的赋能上多了一种功能，营造了一种"第三空间"的社交价值，成为书房的延伸，兼具客厅的格调、图书馆的氛围，也是城市"慢生活"的写照。希望业者以出版物经营为第一要旨，通过咖啡经营获得助力并相得益彰。期待书店在"一店一品"的建设中，着力打造"百店百味"的专业咖啡品牌，使书店经营咖啡，不再是书店的附属品，而是能让品咖人更多感受到城市的温情和暖意，体现书店"手作人"的创意和匠心。

阅读本书，既可以发现上海书店+咖啡的基本面，也可以寻找到书店+咖啡的未来走势；既能感受我们协会同事的热情和智慧，也能体现媒体、同行的帮衬和鼓励。

感谢中共上海市委宣传部发改办刘海英处长、吕津副处长、徐漾同志的鼓励。感谢上海人民出版社曹培雷副总编辑、学林出版社社长刘征的支持！

2022年10月16日